ココがスタートだ！

今どきの小論文ロードマップ

堀内剛史

文英堂

プロローグ

「小論文」とは？
小論文の定義と入試で必要なワケ。

1 「ショウロンブン」って何？

▼もし「小論文を書きなさい」と言われたらどうしますか？

小論文とは、「問い」に対して、
自分の意見を「論理的に」述べる文章のこと。

「問い」とは、出題者からあなたへの

「クエスチョン（質問）」のこと。

思いつくまま書くのではなく、書き上げた小論文を読む相手が心底納得できる内容にすることが大事。小論文はたいてい六〇〇～一〇〇〇字ほどの字数で論理的にまとめる必要があります。

「短く書くSNSなら得意なんだけど……」というあなた！　書き方の「プロセス」がわかれば、「ショウロンブン」は決して難しくありません。「ショウロンブンの冒険」に出かけるつもりで本書を読み進めましょう！

POINT

- **小論文とは、「問い」に対して、自分の意見を「論理的に」述べる文章。**
- **「問い」とは、出題者からあなたへの「クエスチョン（質問）」。**

2

作文とどうちがうの？

▼作文は「自分の体験を具体的に書く文章」。では、小論文は？

まずは作文と小論文のちがいを正しく理解しましょう。

小論文は「自分の意見を提示し、相手を納得させる文章」。

作文のスタイルで書いてしまうと、それだけでマイナス評価になるので注意！

例えば「運動会」について書く場合、作文なら、「運動会でどのようなことをしたのか」を読み手がイメージできるように、起きたことを具体的に書けばOK。

小論文では**意見**と**理由**が必要です。

例えば、「運動会で競技の順位をつけないこと」について の**意見**と、そう考える**理由**、そして**なぜそう考えるのか**を説明します。

作文では、エピソードを具体的に描写すれば成り立ちますが、**小論文は「なぜそう考えるのか？」までしっかり説明する**ことが大切です。

POINT

- **小論文とは「自分の意見を提示し、相手を納得させる文章」のこと。**
- **小論文では「なぜそう考えるのか？」までしっかり説明することが大切。**

3

入試ではどうして小論文が必要なの？

大学では、あなたの疑問や興味について調べ、文章にまとめる課題が出されます。

多くの大学では、三年生から興味・関心がある分野の「ゼミ」に所属し、四年生の冬に研究の成果として「卒業論文」を提出します。

卒業論文は、大学生活の学びの集大成。専門的な研究内容を論理的に書き上げることになります。

高校生のうちに小論文を書く経験を積んでおくと、
自分で考え、自分の言葉で表現する力がつきます。

専攻分野に関連した**資料**（本やデータ、ウェブサイト）**を読み取る力**や、
自分の意見を客観的に**まとめる力**もつけられます。

入試では、小論文を書くことで、「考える力」が評価されるのです。

POINT

入試では、小論文を通じてあなたの「考える力」が試される。

ココがスタートだ！ 今どきの小論文

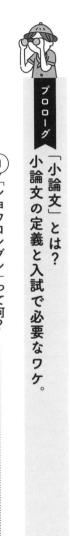

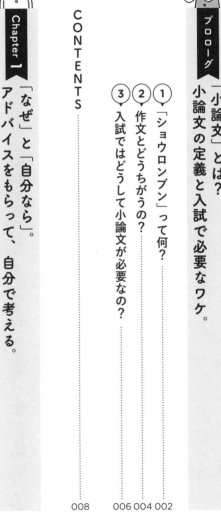

CONTENTS

Chapter 2
ソリューションを見つけよう。プランは「構成」「設問」「根拠と意見」

Chapter 3
タイプを見極め、書いてみる！定番ものからウワサの新傾向問題まで。

▼文英堂ウェブサイトに、本書とは別の解答例を掲載。
詳しくはp.65のQRコードをチェック！

エピローグ

自力で「小論文」を書くためのTIPS♪ ロードマップとゴール、成功へのカギ。

CHECK IT

読み手を納得させる準備と最終点検。
これで完璧！ ワンランクアップの便利ツール

最終点検チェックシート

トクトク情報源

Chapter 1

「なぜ」と「自分なら」。アドバイスをもらって、自分で考える。

小論文のポイントは「なぜそう考えるのか」を
きちんと説明すること。
でも、それって意外と難しい……。
そんな不安を解決するウォームアップアイデアを紹介！
ほかにも、意外と知らない原稿用紙の使い方や、
文章表現の基本も見直せます。
Goalを目指してLet's go ♪

1

「なぜ？」から始まる小論文

▼毎日の生活の中で感じる「なぜ？」が、小論文攻略の第一歩。
まずは「アタマをやわらかく」するところからスタート！

小論文を書く前におすすめなのが「ブレーンストーミング（ブレスト）」。

「ブレーンストーミング（brainstorming）」とは、グループで**アイデアを出し合い、ソリューション**（解決策）**を考え出す方法**のこと。

「brain《ブレーン》（脳）」を「storm《ストーム》（嵐）」のように猛烈にはたらかせ、頭の準備体操をします。

まずは題材探し。普段の生活の中で「なぜ？」と感じることや、なんとなく心にひっかかることを探してみましょう。

例えば、残業している家族を見て**「なぜこんなに遅くまで働いているんだろう？」**と不思議に思ったことなどが題材になります。

このような日常の小さな「クエスチョン（疑問）」が、書く前のブレストの題材になります。

いつもよりちょっとアンテナを高くして過ごしてみると、たくさんの「なぜ？」が見つかるはずです。

「ブレストの題材は見つかったけれど、なんだかふわっとしているな……」
「小論文の難しそうなテーマでも、本当にブレストが役立つの？」
そんな疑問も聞こえてきそうですね。たしかに、このままではまだ不十分。

ここで、先ほどの例の「家族」を「大人」に置き換えてみましょう。

「なぜ大人は残業してまで働くのか？」という「問い」に対して、あなたならどう答えますか？

「任されている仕事に責任を感じているから」
「やるべきことをその日のうちに終わらせたほうが充実感を得られるから」

というように、当事者の気持ちを想像すると、理由が自然と思い浮かんできます。

小さな「クエスチョン」を小論文らしい問いにするポイン

トは、「客観的なキーワード」に変換すること。

疑問を自分事として考えることが重要です。
もし何も思いつかなければ、周囲の大人に質問してみましょう。
「なぜいつも残業しているの？」と。

当事者の声を聞いてさまざまな考え方にふれておくことで、いざ小論文を書くときに、問いに答えやすくなるのでおすすめです。

POINT

- 「ブレーンストーミング」とは、アイデアを出し合い、ソリューション（解決策）を考え出す方法。
- 日常の「クエスチョン（疑問）」は、ブレストの題材になる。
- 小論文らしい問いのポイントは、「客観的なキーワードに変換」すること。

2

自分ならどう考える？

「あなたの頭の中で考えたこと」を書くことが大切です。

「だいたいこういうことを書けば高評価かな？」と、誰もが書きそうなことを書くのはNG！

必ずあなたの頭の中で考えたことを書きましょう。

意見が出てこないときは、問いのテーマに関連した「**体験**（**自分が経験したこと**）」や、誰かから聞いた「**エピソード**（**その人が体験したこと・見聞きしたこと**）」を思い出しましょう。それを参考に、「**自分はどう思うか？**」を整理していきます。

あなたの周りにいる家族・友人・学校の先生・近所の人など、いろいろな立場の人と会話し、普段から見聞を広めておくことが大切です。

読書も小論文を書くのに大いに役立ちます。普段本を読まないという人も、「これ、おもしろそう！」と直感で感じた本を手に取ってみましょう。

まずはものごとに興味をもつことが、考えることの入り口です。

POINT

- 一般論ではなく、あなたの頭の中で考えたことを述べるのが大切。
- 具体的なできごとを参考に「自分はどう思うか？」を整理しよう。

3 自分の意見をプレゼンしてみる

▼自分の意見が思い浮かんだら、プレゼンしてみましょう。

上手にまとめられなくてよいので、**友達や先生にあなたの意見をプレゼンしてみます。**

頭の中で考えたことを声に出してアウトプットすることで、「どこがわかりにくいか」が見えてきます。

プレゼンのあとは、自分で改善点を洗い出します。聞いてくれた相手にわかりにくかったところを確かめてみるのもＧｏｏｄ！

「どこがわかりにくいか」は、自分ではなかなか気づけないもの。

聞いてくれた相手から**客観的なフィードバック**をもらい、自分の**意見をブラッシュアップ**します。

ほかにも、自分のプレゼンを録音して聞いてみるのもOK。あとから聞き直すと、自分のプレゼンを客観的に捉えられます。

POINT

- 自分の考えをアウトプットすると、改善点が見えてくる。
- 聞き手からの客観的なフィードバックで、自分の意見をブラッシュアップ！

4 周りの人の意見をヒントに。

小論文の問いは、社会のできごとや国際問題など、幅広い分野から出題されます。

小論文攻略のために、一つの問いに対して複数の意見を出せるよう、事前知識をもっておきたいもの。

日頃から社会のできごとやニュースに興味をもちましょう。

自分の力だけでは難しいときは、周りの人の意見からヒントをもらって、**自分の視野を広げましょう。**

家族や友人との会話で、「**企業のテレワークについて、あなたはどう思う?**」と時事問題を話題にするのもよいでしょう。

普段、仲のよい相手でも、生き方や大切にしたい価値観、社会のあり方については、あなたとは少しちがった視点で考えていることもあります。

このトレーニングをすると、
意見と理由が思い浮かびやすくなります。

問いと自分の意見、そして相手の意見を、メモ帳やスマートフォンにメモするのも忘れずに。**「ストレスなく継続しやすいツール」**を使うのがよいでしょう。

POINT

- 日頃から社会のできごとやニュースに興味をもとう。
- 周りの人の意見をヒントに、意見と理由を考える。

5 Let's think!「なぜ」そう考えた？

▼**小論文では、「なぜそう考えたのか」という理由（根拠）を示すことが求められます。**

小論文を書くためには、社会に対して「**クエスチョン（疑問）**」をもち、周りの人の生き方や社会を知ること、観察する習慣をつけることが大切です。

普段から、

「**なぜこのようなことが起きているんだろう？**」

「**なぜ社会の○○はこうなんだろう？**」

といった疑問をもちましょう。


そして、その「**なぜ？**」に対する答えをあなたなりに考えておくことです。

その答えに至った「プロセス」をわかりやすく読み手に説明すること。それこそが、**あなたの意見を「客観的に支える根拠」**になります。

「なるほど。こういった体験をしたから、**この人はこういう考えをもっているんだな！」と読み手が納得**できるようにまとめます。

POINT

- 答えに対して、「なぜそう考えたのか」という理由（根拠）をセットで示そう。
- その答えに至った「プロセス」と「根拠」をわかりやすく読み手に説明し、読み手を納得させよう。

6 Let's practice! 新聞記事を使って

▼発想を広げるブレストには新聞記事もおすすめ。

「新聞なんて読んだことないよ！」というあなたも大丈夫。まずは簡単に内容を理解できる、やさしい記事から始めましょう。

とっつきやすく「おもしろい！」と興味をもてる記事を選びます。少しずつ社会的な内容の記事に挑戦していきましょう。

記事の内容を理解できたら、記事に対する自分の意見とそう考える理由を書いてみます。

「記事を書いた人の意見に賛成か、あるいは反対か」と自分に問いかけてみましょう。**「書かれている内容に関して、自分はどう考えるか？」**という視点でもOK。書いたあとに身近な大人（学校や塾の先生、親など）に見てもらい、フィードバックをもらうとよいでしょう。

あなたの小論文を読むのは、大人です。**あなたの意見や根拠を「大人がどう感じるかを知っておく」ことは、大切な経験となります。**フィードバックを素直に受け止め、意見や根拠の組み立てに生かしましょう。

POINT

- **「新聞記事」を使った練習もおすすめ。やさしい記事から始めて、少しずつ社会的な内容の記事に挑戦！**
- **大人からのフィードバックを大切に。**

7 原稿用紙の正しい使い方、知ってる?

▼小論文の意外な落とし穴……。それは原稿用紙の使い方のルールです。

小論文の内容がよくても、原稿用紙の使い方をまちがうと減点されます。**意外と知らない基本的なルール**を、ここで再確認しましょう。

❶文章の書き出しや改行時は、行頭を一マス空ける。
❷文脈をわかりやすくするため、文の途中に適宜、読点(、)を入れる。入れすぎには注意。
❸一文の終わりには必ず句点(。)をつける。
❹行頭に句点や読点は厳禁。行頭に来る場合は、前行の最終マスの右下に書く。
❺会話文には、カギ括弧(「 」)を使う。本の書名や会話文中での引用には、二重カギ括弧(『 』)を使う。
❻会話文以外でも、強調したいところにはカギ括弧を使う。
❼テレビ番組や映画のタイトルには、どちらの括弧を使っても構わない。

❽カギ括弧や二重カギ括弧は一マス使う。
❾句点と閉じカギ括弧は同じマスに書く。
❿感嘆符（！）や疑問符（？）、「…」「—」のような記号は、原則として小論文では使わない。
⓫促音（小さい「つ」）と拗音《ようおん》（小さい「や・ゆ・よ」）には、一マス使う。行頭に来る場合は、そのまま一マス使う。

⓬縦書きの場合、数字は漢数字を用いる。

⓭制限字数の九割以上、最低でも八割以上でまとめる。


次に、**要約を書く際のマス目の使い方**です。

❶書き出しは一マス空けずに、最初のマスから書き始める。
❷句点や読点、カギ括弧には必ず一マス使う。要約のときは、句読点や閉じカギ括弧が行頭に来てもＯＫ。
❸制限字数に合わせてマス目が設けられているので改行は不要。詰めて書く。

⬇p.150〜のチェックシートも活用しよう

8 NGな文章表現はコレだ!

▼的確な文を書けなければ、評価される小論文にはなりません。表現にも気を配りましょう。

①呼応表現

※主述の呼応

NG例

私の将来の夢は、世界中を飛び回るバイヤーになります。

主部と述部がねじれていてNG表現。一文が長いと見落としやすくなるので注意。

OK例

私の将来の夢は、世界中を飛び回るバイヤーになることです。

NG例

※接続詞「なぜなら〜」の場合

私は数学が苦手だ。なぜなら難しい。

接続詞「なぜなら〜」を使うときは、下を「〜から」で受けるのが鉄則です。

OK例

私は数学が苦手だ。なぜなら難しいからだ。

TIPS

主部と述部のねじれに注意！

いつもセットで使われる「お決まりの表現」をおさえよう。

※副詞の呼応

NG例

試験に合格したら、私は全然うれしいだろう。

「全然」は下を打ち消しで受ける決まりがあります。そのため、「全然」+「肯定文」はNG。

OK例

試験に合格したら、私はとてもうれしいだろう。

TIPS

「全然〜ない」のように、セットで使われる表現をひと通りおさえておこう。

②並列の関係

NG例

私の弟は、帰宅後すぐに宿題をしたり、犬の散歩に行く。

※「たり」の使い方

複数の事柄を並列させるときは、「〜たり、〜たり」とするのが適切。

OK例

私の弟は、帰宅後すぐに宿題をしたり、犬の散歩に行ったりする。

TIPS

- 話し言葉で使いがちな表現は、特に注意が必要。
- 普段から表現に気をつけて文章を書くように心がけてみよう。

③修飾・被修飾の関係

NG例

昨日おじが見つけた迷い猫が飼い主に引き渡された。

「昨日」が「見つけた」と「引き渡された」のどちらにかかっているのか、わかりにくい文です。

「迷い猫を見つけた」のが「昨日」なら、「昨日」と「おじが」の順序を逆に。一方で、「引き渡された」のが「昨日」なら、次のように直しましょう。

OK例

おじが見つけた迷い猫が飼い主に昨日引き渡された。

TIPS

修飾部は被修飾部のすぐ前に置くとGood!

NG例

私が考える友達とは、いつも一緒にいる人や一緒にいて楽しい人、一緒にいたいと思える人のことだ。

一文はすっきりと簡潔にまとめましょう。この文では友達の定義が三つあるように感じられますが、一つにまとめられます。

OK例

私が考える友達とは、いつも一緒にいて楽しいと感じる人のことだ。

TIPS

修飾部が長くなるときは、表現を変えたり、別の言葉で言い換えたりしてすっきりまとめよう。

④文体の使い分け

NG例

私が考える友達とは、ともに成長していける存在のことだ。なぜなら、自分では気がつかないことを指摘し合うことができるからです。

「だ・である」体（常体）と「です・ます」体（敬体）を小論文の中で混在させるのはNG。どちらかの文体に統一させましょう。

OK例

私が考える友達とは、ともに成長していける存在のことだ。なぜなら、自分では気がつかないことを指摘し合うことができるからである。

※「～からだ」でもOK！

通常の小論文では「だ・である」体を用いたほうが、論理的かつ簡潔明瞭な文章になります。一方で、志望理由書や自己PR書など、読み手に丁寧な印象を与えたい場合には「です・ます」体を用いるとよいでしょう。

TIPS

「だ・である」体と「です・ます」体を混在させると、減点対象に！

タイプに合わせて、文体を使い分けよう。

⑤ 簡潔明瞭な文にしよう

NG例

最近のスマートフォンの普及により、SNSやメールでいつでも自由に連絡をとれるようになったことが、かえって人間の行動を狭めることとなり、すぐに返信をするように気を配ったり、頻繁につながりを確かめたりするためのツールになってしまっている。（一一七字）

一文をだらだら長く書くと、相手に伝わりにくい文章になってしまいます。一文は六〇字程度におさめ、一読しただけで伝わる文章を心がけましょう。

OK例

SNSやメールの普及は、人間の行動を狭めることとなっている。いつでも自由に連絡がとれるため、他者とのつながりを頻繁に確かめたり、早く返信をしなければならないと焦らされたりするのだ。（三〇字＋六〇字）

TIPS

一文は六〇字程度に。

「長すぎないか」「ぱっと読んで意図が伝わるか」をチェック!

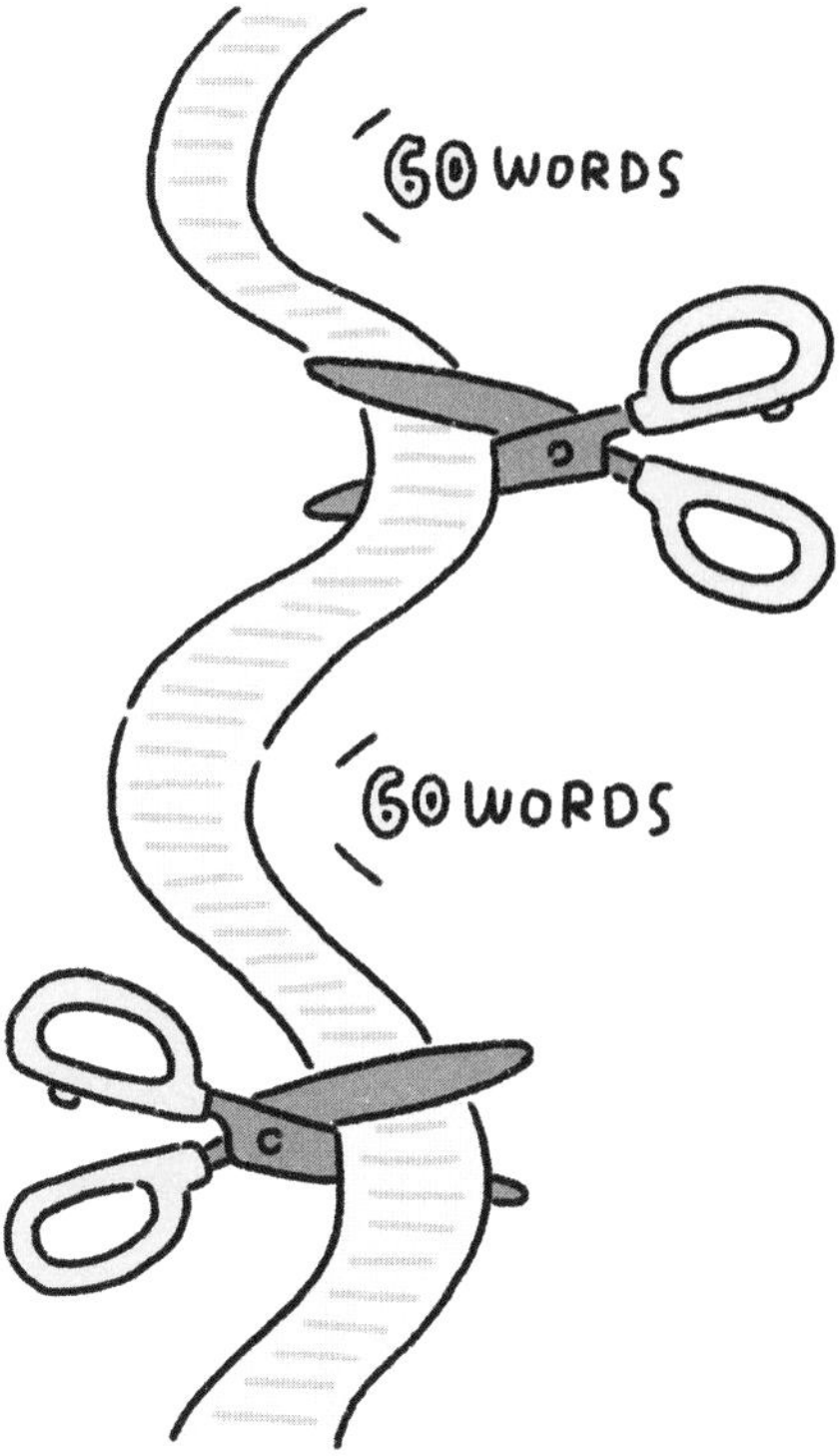

⑥ 話し言葉は禁止!

NG例

僕は、朝食をちゃんと食べるってことは大事なことだと感じてます。なんでかというと、自分は朝ごはんを抜いちゃったら、力が出ないからです。

親しい間柄の相手に向けた文章なら、これでも差し支えありません。しかし、小論文ではNG。

書き言葉、特に小論文はフォーマルな文章と捉え、ふさわしい表現で書きましょう。

OK例

私は、朝食をしっかりと食べるということは大事なことだと思います。なぜなら、私は朝ごはんを抜いてしまうと、力が出ないからです。

使いがちな話し言葉と適切な表現

- □自分・俺・僕 ⇒ 私
- □おじいちゃん ⇒ 祖父
- □〜っていうことは ⇒ 〜ということは
- □〜じゃない ⇒ 〜でない
- □〜してた ⇒ 〜していた
- □〜しちゃう ⇒ 〜してしまう
- □正直言うと ⇒ 正直なところ・率直に言って
- □すごい ⇒ すばらしい
- □サボる ⇒ 休む
- □こないだ ⇒ この間・先日
- □いちお・いちよ ⇒ 一応（いちおう）
- □いろんな ⇒ いろいろな・さまざまな
- □○○とか○○ ⇒ ○○や○○
- □でも・けど（文頭に来るとき） ⇒ しかし・だが
- □なので（文頭に来るとき） ⇒ そのため

⑦うっかり略語に注意！

NG例

私は、小学生がスマホ**を使用することはよくないと考える。**

「スマホ」の正式名称は「スマートフォン」。普段の会話では、略語を使うことが多いかもしれませんが、小論文では正式名称を用います。

OK例

私は、小学生がスマートフォン**を使用することはよくないと考える。**

使いがちな略語と正式名称・表現

- ケータイ（携帯）⇒携帯電話
- メアド⇒メールアドレス
- バイト⇒アルバイト
- 部活の朝練⇒部活動の朝練習

- □漢検 ⇩ 漢字検定
- □定演 ⇩ 定期演奏会
- □就活 ⇩ 就職活動
- □メッセ ⇩ メッセージ
- □留守電 ⇩ 留守番電話
- □通販 ⇩ 通信販売
- □ネット ⇩ インターネット
- □イケボ ⇩ 素敵な声
- □推しメン ⇩ 私が応援しているメンバー

※「ＩＯＣ」など国際的に認められた略称は用いてもＯＫ。ただし、文章中で初めて使うときは「国際オリンピック委員会（ＩＯＣ）」などと正式名称で書き、二度めから「ＩＯＣ」と略すほうがより丁寧です。

⑧ら抜き言葉に気をつけよう

NG例

小学生がスマートフォンを見れないようにすべきだと思う。

「見れない」のような「ら抜き言葉」はつい使いがちですが、小論文には適切ではありません。「ら」を忘れずに入れましょう。

OK例

小学生がスマートフォンを見られないようにすべきだと思う。

使いがちな「ら抜き言葉」と適切な表現

- □食べれる／食べれない ⇩ 食べられる／食べられない
- □起きれる／起きれない ⇩ 起きられる／起きられない
- □着れる／着れない ⇩ 着られる／着られない
- □来れる／来れない ⇩ 来られる／来られない
- □出れる／出れない ⇩ 出られる／出られない

Chapter 2

ソリューションを見つけよう。プランは「構成」「設問」「根拠と意見」

書き方のフレームを知れば、小論文は怖くない！
Chapter2では、小論文のフレームと
書き進めるためのプロセスを解説。
Planが完璧なら、冒険も順風満帆。
さあ、Let's practice！

1

「フレーム」から始めよう

▼読み手にわかりやすく、かつ説得力のある小論文にするためには、「フレーム」をおさえることが肝心です。

「フレーム」とは、どんな流れで論を展開するかという「論理構成」のこと。

方向性を決めたら、フレームにそって文章を展開します。

小論文の基本的な構成を見ていきましょう。

1 問いに対して、自分の意見をどう提示するかを決める

ブレストの時のように、自分の意見をいくつか書き出し、その中から、

「説得力のある意見か？」
「意見を支える具体例やエピソードがあるか？」

この二つがクリアできる意見を一つ選びます。

2 意見を客観的に説明する根拠を示す

次に、**意見を支える具体例やエピソード**を一つ挙げましょう。
その意見をもつに至った経緯を説明することで、小論文に説得力が生まれます。
詳しくは③（p.52～）で解説します。

3 反対意見を取り入れる

自分とはちがった視点の意見を取り入れてみましょう。ブレストで周りの人の意見を聞いたときと同じです。

その反対意見に対して「**いや、そうではない。なぜなら……**」と論破します。そうすることで、あなたの意見がぐっと説得力のあるものに！

詳しくは④（p.54～）、⑤（p.56～）で解説します。

4 自分の意見を再提示する

終わりに「**こういった理由・根拠から、私はこう考えます**」と、自分の意見を改めて提示しましょう。これがあなたの小論文の**結論**になります。

最後は、問いに対する前向きなコメントを述べて締めくくりましょう。

これで小論文の完成です！

POINT

- **小論文の「フレーム」＝「論理構成」をおさえ、フレームにそって書く。**
- **具体例やエピソード、反対意見を取り入れることで、説得力アップ！**

2 「クエスチョン」をチェック！

▼出題者からの「クエスチョン（問い）」を的確におさえることが基本です。

小論文の出題形式は、いくつかのタイプがあります。

例えば、**「日本の英語教育の問題について、あなたの考えを○○字以内で述べなさい」**といった**「テーマ型小論文」**。

「テーマ型小論文」では、与えられたテーマに焦点をあてて字数内で意見と根拠を述べます。

ほかには、課題文を提示し、**「次の文章を読んで、筆者が述べる『一都市集中型の弊害』について、あなたの考えを○○字以内で述べなさい」**というように問う**「課題文型小論文」**などがあります。

POINT

出題者からの「クエスチョン（問い）」を的確におさえることが基本。

「課題文型小論文」は、課題文の内容をしっかり理解することが大事。そのうえで、**筆者の主張**を読み取り、あなたの意見と根拠を述べます。

小論文のタイプによって、求められる解答形式も変わるので、**出題者の意図を的確におさえる**ことが基本です。

3 欠かせない「リーズニング（理由づけ）」

▼「なぜそう考えるのか」というリーズニング（理由づけ）を行いましょう。

意見を裏づける理由を明確に書いて、説得力のある文章にします。

例えば、「**日本の成人年齢が18歳に引き下げられること**」について、「**引き下げたほうがよい**」という意見を提示したとしましょう。次は、あなたがなぜそう考えるのかを、具体的なエピソードとともに述べていきます。

私は、18歳で初めて選挙に投票に行ったことがきっかけで、政治や世の中の動きに関心をもつようになった。成人年齢の引き下げは、日本の若者に社会の一員としての自覚をもたせるのに有効だと思う。

意見をもつようになったきっかけを理由とともに書き、

読み手が「**なるほど！**」と

納得する内容にしていきましょう。

POINT

- リーズニング（理由づけ）をして、読み手を納得させよう。
- 意見をもつようになったきっかけもエピソードの具体化に有効。

4

「反対意見」で論を深める作戦

▼「反対意見」を取り入れると、より説得力をアップさせることができます。

前のページのリーズニングの例を、もう一度見てみましょう。

私は、18歳で初めて選挙に投票に行ったことがきっかけで、政治や世の中の動きに関心をもつようになった。成人年齢の引き下げは、日本の若者に社会の一員としての自覚をもたせるのに有効だと思う。

この考えに対する反対意見を考えてみます。

選挙への参加以外にも、これまでも15歳以上から可能であったアルバイトや、年齢

制限がなく参加できる地域のボランティア活動など、社会参加への機会はたくさんある。成人年齢を引き下げなくても、社会の一員としての自覚を育てることはできる。

このような反対意見を加えることで、文章がより説得力のあるものになります。

ただし、これはまだ第一段階。次のページへ進みましょう。

※反対意見を考えるのは深い思考力が必要なため、「リーズニング」をマスターしてから取り組みましょう。

POINT

反対意見を加えることで、文章に説得力が増す。

5

「反対意見」に負けるな！

▼反対意見をただ盛りこんだだけでは、負けてしまいます。

説得力のある文章にするためには、**「想定される反対意見に対し、しっかりと反論すること」**が大切。

反論するからには、「なるほど！」と読み手を納得させる「**客観性のある反論**」にする必要があります。

先ほどの反対意見に対する反論を考えてみましょう。

成人年齢が下がることによって、親の同意がなくても携帯電話の契約やクレジットカードの申請が可能となる。そうすると、必然的に法律や経済など、社会の仕組みやルールにふれる機会も増え、政治や社会との接点が増えるだろう。選挙への参加以外でも、社会人としての自覚を育てることは可能かもしれないが、法律や政治、経済に関わる機会を増やすことこそが、社会の一員としての意識を高める最善の方法であると思う。

どうでしょう？　反対意見に反論することで、自分の意見がパワーアップしたように思いませんか？

POINT

反対意見に「客観性のある反論」をして、意見を強化しよう。

6 「原因」を探ってみる

▼社会が抱える問題について小論文を書くときは、「原因」を探ってみましょう。

「世界英語力ランキングで、日本は八十八カ国中四十九位という結果が発表されている。先進国の中でも低く、隣国の韓国は［三十一位］、中国は［四十七位］である。日本の英語教育の問題について、あなたの考えを述べなさい。」

こんな問いに対しては、まず「問題」の原因を考えてみます。

「なぜ日本は、ほかの先進国と比べて英語力が低いのか」
「あなたが受けている英語教育と海外の英語教育はどうちがうか」

原因から探ることで、よりよい状態にするにはどうしたらよいかという「ソリューション（解決策）」を導き出すことができます。

すでにもっている知識だけでは原因を探れない場合は、インターネットや本などで「英語教育」「先進国」といったキーワードを手がかりにリサーチしてみましょう。その中から、原因を深く掘り下げられそうなものを一つ選んで考えればよいのです。ただし本番ではリサーチできませんから、普段から知識をストックしておくことも重要です。

POINT

- 社会が抱える問題についての問いでは、問題の「原因」を探ろう。
- 原因から、ソリューション（解決策）を導き出そう。

7 最後は「解決策のご提案」。

▼小論文の問いには定番のパターンが二つ。
二つの特徴を確認してみましょう。

①「主題提示パターン」

「日本の成人年齢が18歳に引き下げられることについて、あなたの考えを述べなさい」のように、あるものごとについての考えを問うもの。意見と根拠を提示し、具体例で説得力を高め、最後に自分の意見を再提示します。

②「問題解決パターン」

「日本の英語教育の問題について、あなたの考えを述べなさい」というように、問題とその解決策（ソリューション）を求めるもの。問題に対する原因と、そこから導き出した自分なりの解決策を提示します。

▼②の解答例

（「日本は学校で学んだ英語を実際の生活で使うことがほとんどない」という問題点を挙げ、その原因を「海外の人と接する機会が少ないため」と考えた場合）

私の父は、海外のペンフレンドと十年間文通をしており、それが英語力アップにつながったと言っていた。必ずしも対面でなくても、文通やオンラインを通じたテレビ電話など、海外の人と接する機会を作ることは可能だ。学校が姉妹都市との遠隔交流を推進するなど、各地で支援が広がるとよい。

POINT

「問題解決パターン」の問いには、解決策（ソリューション）を提示。

8 「オリジナリティ」があなたの魅力

▼事実や例を取り上げるだけじゃ物足りない！
もうひとスパイス、つけ加えましょう。

具体例や問題の原因を取り上げるときは、次のような要素を取り入れましょう。

- あなた自身が体験したこと（直接体験）
- 周りの人から見聞きしたこと（間接体験）
- 本やニュースで知ったこと（間接体験）

これらを取り入れることで、オリジナリティが生まれます。

また、最後の段落では、
意見や解決策に「将来の展望」をつけ加えましょう。

「将来の展望」とは、例えば**「その解決策を実践したら社会がどうよくなるか」**などのこと。

「海外の人と接することのできる機会を学校が作り、支援すればよい」という解決策なら、

「学校の支援が広がることで、地方と都会で英語力の格差が小さくなる。それは将来、グローバルな仕事に対応できる大人が増えることにつながる」

といった展望を示してオリジナリティを高められます。

POINT

あなたの意見や解決策に「将来の展望」をプラスしてオリジナリティを出そう。

9 陰の努力がものを言う

▼たくさんの知識をもっていることは、小論文を書くうえで大変有利。あとで後悔しないように、日頃から社会に目を向けておきましょう。

これまで見てきたフレーム（論理構成）やポイント、問いのパターンをしっかりマスターすれば、あなたもすぐに小論文を書けるようになります。

ただし、小論文の書き方のほかに重要なことがもう一つ。

それは、**日頃から自分の中にあらゆる知識や情報をたくわえておく**こと。

p.140〜の「知ってトクするお役立ちキーワード集」も参考に、日頃から自分の知識を増やしておきましょう。

Chapter 3

タイプを見極め、書いてみる！定番ものからウワサの新傾向問題まで。

Chapter 3では、入試によく出る
タイプ別小論文の書き方を一挙公開！
最近注目の「新傾向問題」も収録しています。
いよいよActionの時。
勇気を出して一歩を踏み出しましょう！

文英堂ウェブサイトに、各タイプの別バージョン解答例を掲載。
いろいろな解答例を参考に、さらなるステップアップを目指そう！
▶http://bun-eido.co.jp/support/media/?id=24096info

タイプ 1

テーマ型小論文

与えられたテーマについて、自分の意見を述べるのが「テーマ型小論文」。問い（設問）自体から、何について書けばよいのかを正確に理解することが大切です。

1 設問に答えるときのポイント

例えば、「人が働く目的について、あなたの考えを述べなさい」という設問なら、

「人が働く目的」＝「人は何のために働くのか？」

というように、

テーマを**別の言葉で言い換え**てみましょう。

自分の言葉でかみ砕いて考えることで、設問の意図をつかみやすくなります。

考えても答えがすぐに見つからないときは、**自分の体験や家族の経験談、テレビ番組（ノンフィクション・ドキュメンタリーなど）、本などで見聞きしたことをヒントにする**のがおすすめです。

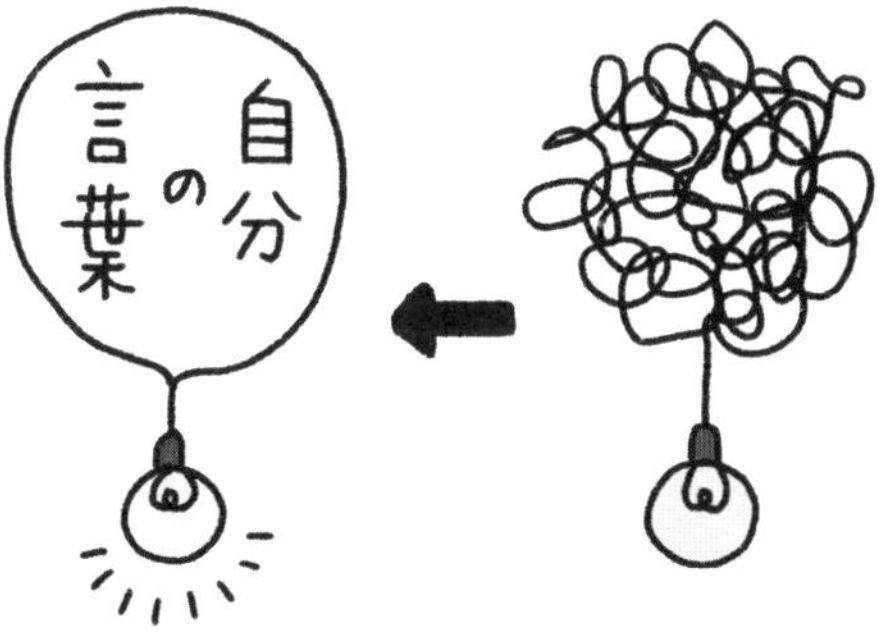

POINT

- テーマ型小論文は、与えられたテーマについて自分の意見を述べるもの。
- テーマを別の言葉で言い換えて、設問の意図をつかむ。

2 あなたならどう答える？

設問

小・中学生がスマートフォンを使うことについて、賛成・反対のどちらかの立場を明示し、あなたの考えを六〇〇字以内で述べなさい。

フレーム（論理構成）を考えるときのTIPS♪

スマートフォンとはどのようなものか、改めて考えてみましょう。
「スマートフォン＝便利」といった長所が思い浮かぶかもしれませんね。
しかし、それだけでは、「小・中学生がスマートフォンを使うことに賛成か反対か、そしてなぜそう考えるのか」という問いに答えられません。

まずは、「小・中学生が**どんなときに**スマートフォンを**使うのか**」を、**整理**してみましょう。

あなたが小・中学生のときにスマートフォンを使っていたなら、その経験をもとに考えてみましょう。もし、使っていなかった場合は、あなたの周りの小・中学生（親戚や友達の兄弟・学校の後輩など）のケース、またはニュースや本の情報などを参考にしましょう。

（例）
- 家族や友達へ連絡するとき（電話・メール・SNS）
- 授業でわからなかったことや興味をもったことについて調べるとき
- オンラインで授業を受けたり、アプリを使って学習したりするとき
- 動画を観たり、ゲームをしたりするとき
- 写真を撮るとき（仲のよい友達・家族・風景・ペット・食べ物など）
- 追跡機能を使って、自分の居場所を家族へ自動で知らせるとき

次に、先ほどリストアップした**「小・中学生がスマートフォンを使う場面」をふまえ、スマートフォンの長所と短所を整理しましょう。**

（例）

長所

- 学校や塾の帰りに、すぐに家族へ連絡することができる（電話・メール・SNS）。
- わからないことや興味のあることを、ウェブサイトや動画サイトで調べることができる。
- 学習アプリをスマートフォンにインストールすることで、スマートフォン一つで学習ができる。

⬇車や電車での移動時にも勉強することができる。

・SNSを使って、遠くに住む友達や海外に住む人々と交流することができる。
・追跡機能を使って、自分の居場所を家族へ自動で知らせることができる。

短所

・インターネット上の情報の信頼度にばらつきがあり、正しくない情報に惑わされる危険がある。
⬇他人に誤情報を伝えてしまう恐れもある。
・有害なウェブサイトにアクセスしてしまう危険がある。
・SNSでのコミュニケーションに慣れておらず、トラブルを起こしやすい。
⬇事件や事故に巻きこまれる恐れがある。
・ゲームに熱中しすぎて、健康に悪影響を与える恐れがある。

次は、あなたがリストアップしたスマートフォンの長所と短所をもとに、**小・中学生がスマートフォンを使うことについて、**

賛成・反対のどちらの立場をとるかを考えます。

長所から論を展開したい場合は、立場を「賛成」に、短所から論を展開したい場合は、立場を「反対」にするのがポイント。今回は賛成の立場を選び、論を展開していきます。

立場が定まったら、「なぜその立場にしたのか」を整理します。リストアップした長所・短所の中から、根拠としたいものを一、二個ピックアップしましょう。

▼賛成する理由

わからないことや興味のあることを、ウェブサイトや動画サイトで調べることができるから。

理由が絞れたら、そう考える根拠を、わかりやすく説明する準備をしましょう。

ポイントは、自分自身の体験や周りの人から見聞きしたエピソードをもとに説明すること。

次のページのエピソードマップを参考に、あなたが賛成または反対する理由を詳しく説明できる体験やエピソードを、図解したり、付せんで整理したりしてみましょう。

そこまでできたら準備万端。実際に小論文を書いてみましょう！

賛成する理由の根拠
エピソードマップ

賛成する理由

わからないことや興味のあることを、
ウェブサイトや動画サイトで
調べることができるから。

Episode Start!

日本史が苦手な私

教科書の内容が
まったく頭に入ってこないので、
授業のノートを暗記して
定期テストを受けている。

言葉を暗記するだけなので、
日本史の勉強が苦痛で仕方ない！

だから賛成！

動画は、偉人の考えや行動が
イメージしやすく、
日本史が苦手な私でも
きちんと理解することができた。

この体験をきっかけに、通学中に
歴史マンガや歴史に関する
小説を読むようになった。

知り合いの大学生に相談したら、
役立つサイトを教えてくれた。

どんなサイト？

説明

学校で学ぶ教科の内容を、動画でわかりやすく説明しているサイト。
テレビなどで活躍する俳優や歌舞伎役者が、偉人の役を演じ、当時の衣装を着て演じるなど工夫されている。

賛成の立場を明示し、その理由を簡潔に示している。

賛成の根拠を自分の体験から具体的に説明している。

解答例

　私は、小・中学生がスマートフォンを使うことに賛成である。宿題や授業でわからなかったことをスマートフォンで調べることができるからだ。

　私は日本史が苦手だ。教科書の内容がまったく頭に入ってこないので、授業のノートを暗記して定期テストを受けている。しかし、言葉を暗記するだけなので、勉強が苦痛で仕方なかった。このことを知り合いの大学生に相談したところ、役立つサイトを教えてくれた。学校で学ぶ教科の内容を、動画でわかりやすく説明しているサイトである。テレビなどで活躍している俳優や歌舞伎役者が偉人の役を演じていて、見応えがあった。また、演者が当時の衣装を着て演じるなど、登場する偉人の考えや行動をイメージしやすくする工夫がされており、おもしろかった。教科書からは、文字と写真でしか当時の様子をイメージすることができない。しかし、このような動画があると、日本史が苦手な私でもきちんと理解する

自分の体験から、小・中学生が学習にスマートフォンを使うことのメリットを考察している。

ことができる。私はこの体験をきっかけに、通学中に歴史マンガや歴史に関する小説を読むようになった。

　このような経験から、私は小・中学生がスマートフォンを使うことに賛成である。授業の予習・復習や宿題に活用できるからだ。また、このようにスマートフォンを活用することで、学ぶことへの好奇心を高めることができると考える。スマートフォンは子どもたちの学力向上に役立つツールであると思う。

800　600

第二段落での考察から、自分の考えを改めて示し、将来の展望を簡潔に提示している。

タイプ 2

課題文型小論文

▼提示された課題文の内容をふまえて、問いに答えるのが「課題文型小論文」。何より大事なのは、筆者の主張を正しく読み取ることです。

1 設問に答えるときのポイント

例えば、

「**次の文章を読んで、人が働く目的について、あなたの考えを述べなさい**」

という設問のとき、人が働く目的についての「自分の意見」を述べるだけでは不十分。課題文の中で述べられている**筆者の主張を受けて、あなた自身はどう考えるのかを明確にする**必要があります。

「課題文型小論文」で重要なことは、
筆者の主張から導き出される課題文の論点を明らかにしてから、自分の考えを述べること。

このタイプで陥りがちなのが、「**課題文の内容をまとめ直しただけ**」のもの。「自分の意見」がなければ、残念ながら小論文になりません。

もう一つは、「**課題文の感想をまとめただけ**」のもの。読書感想文になってしまい、小論文にはなりません。まずは、課題文型小論文のフレーム（論理構成）にそって書く必要があります。

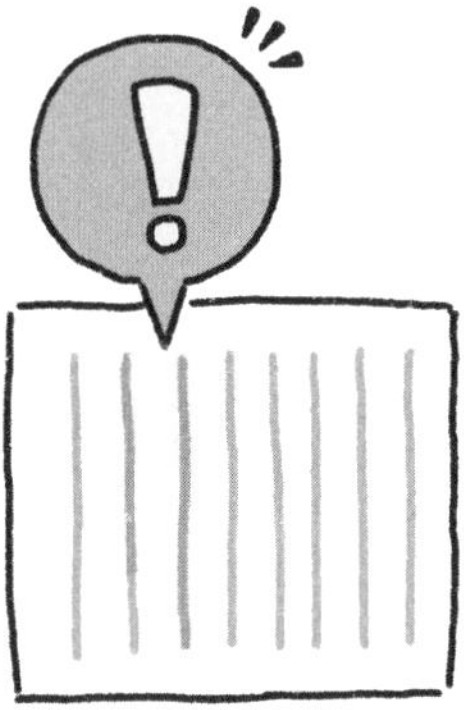

POINT

- 課題文型小論文は、課題文の内容をふまえて問いに答えるもの。
- 課題文の論点を明らかにしてから、自分の考えを述べる。

2 あなたならどう答える？

設問
人と一緒に暮らす存在として、「動物型ロボット」と「動物」ではどちらが今の社会に合っているか。課題文をふまえて、あなたの考えを六〇〇字以内で述べなさい。

私は、ペットや動物とロボットは対極的な存在だと思う。動物は人間とは姿形が違うし、コミュニケーションの方法や求めていること、理解の仕方も異なる。それでも私たちは動物に話しかければ、彼らなりの方法でそれにこたえてくれるはずだと思いこんでいる。単に私たちが彼らの反応を勝手に解釈しているだけかもしれないが、それを証明するのは難しい。それに、そんなことを確かめなくても支障はない。ペットと共存できていれば、私たちは満足感を覚える。

ロボットは正反対だ。人間がつくったから、人間の計算通りに動いてくれなければ困る。仕事を効率よく安全に進めるために、不満を言うことなく、同じことを何度でもくり返してくれる。融通は利かないが、人間の望む通りに改善し動かすことができる。だから、その前で人間は不安を抱かない。何トンもあるトラックが目の前に迫ってきても不安を感じないのに、ゾウが目の前に迫れば恐怖にかられる。それはゾウの心が読めず、人に慣れていても何をするか完全には予測できないからだ。ヒューマノイドはいくら外見が人間に似ていても、機械である限りそのような不安を覚えずにすむ。ロボットは動物のような命や魂をもっていないからである。

その常識がどうやら変わりはじめた。今、動物の姿をしたロボットたちが人間の世界で活躍しはじめている。イヌのＡＩＢＯやアザラシのパロは、安全で手間のかからないペットとして人々の心を癒やしている。ヒューマノイドがそういった特徴をもって人間の世界に入ってくるかもしれない。現代の技術では、人間の語りにロボットが反応するだけでなく、人間に語りかけてくれることも可能だそうだ。人間のしたいことを先回りして提案してくれるものもできつつある。ネット上のマーケットのように、その人の過去の注文にもとづいて次に求めるものを提案してくれるのである。

ペットの動物とロボットとの溝は急速に埋まりつつある。ひょっとしたら、子どもの代わりにロボットをもつ人が増えるかもしれない。ロボットはいつまでも子どもでいてくれるし、不満を言わずに介護までしてくれるからだ。

しかし、ロボットと動物の違いは重要だと私は思う。生物は自分が生きるために自己主張をし、成長し、やがて死んでいく。私たちに制御できない自然の営みだ。それに寄り添い、共感することで、自分も生物であることを実感する。動物を完全には操作できないから、その主張を認め、相手を信頼しようとする。その心の動きは相手が人間であっても同じことだ。

ヒューマノイドの登場は人間が今、自己主張せずに気遣ってくれるパートナーを求めていることを示唆している。ただそれは、ロボットを人間にするのではなく、人間のロボット化、機械化を意味してはいないだろうか。

出典：山極寿一《やまぎわじゅいち》『ゴリラからの警告「人間社会、ここがおかしい」』(毎日新聞出版)

課題文の要旨を捉えるときのTIPS♪

課題文中のキーセンテンスをまとめ、要旨をおさえていきましょう。

筆者は、「動物」と「ロボット」のちがいについて、次のように主張しています。

「動物は人間の問いかけに何らかの形で答えてくれる。それに対し、ロボットは人間が話しかけても反応しないが、指示通りに動いてくれる。」

しかし、その常識は変わり始め、

「AIBOやパロのような動物型ロボットが、安全で手間のかからないペットとして人間の心を癒やしている。」

と指摘しています。

一方で筆者は「動物型ロボット」について、次のように問題提起しています。

「動物は自己主張しながら生きて死ぬ。それに寄り添い、共感することで、人間は自分が生きていることを実感できる。一方でロボットは、自己主張せず人間を気遣ってくれる存在だ。動物が相手のときのように相手の主張を認め、信頼しようとする必要もない。動物型ロボットを求めることは、人間の機械化を意味している。」

フレーム（論理構成）を考えるときのTIPS♪

前のページで整理したように、課題文で筆者が主張しているのは、「**動物型ロボットを求めることは、人間の機械化を意味している**」ということ。

これをふまえ、

「人と一緒に暮らす存在として、動物型ロボットと動物ではどちらが今の社会に合っているか」

という問いについて、あなたの考えをまとめましょう。

ただし、ここでもう一つ考えてほしいことがあります。

それは「**今の社会とはどういう社会か？**」ということ。

「今の社会」と聞いて、あなたならどんなことをイメージしますか？　思いつくことを書き出してみましょう。

考えを広げる イメージマップ

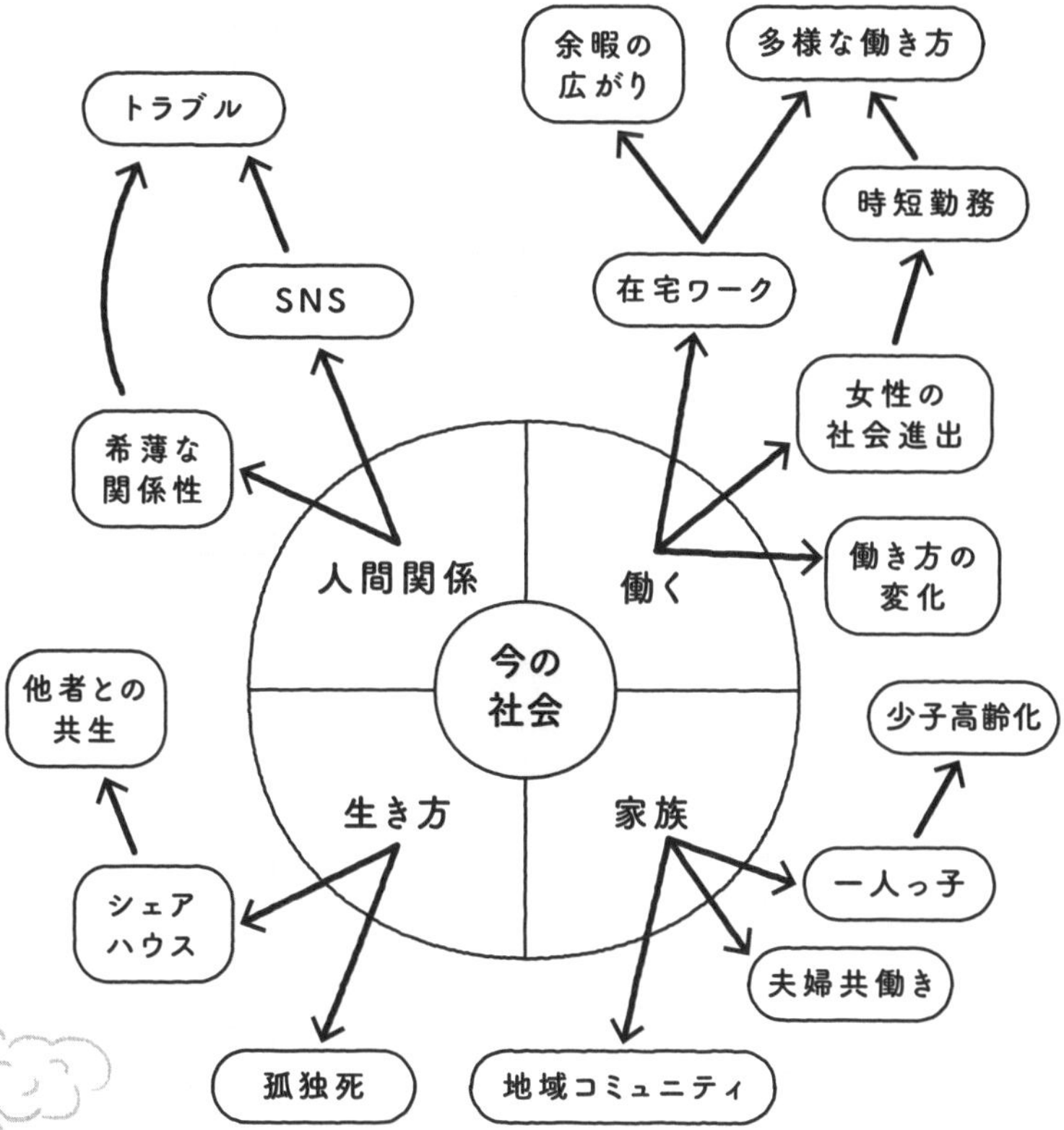

このように、イメージマップで考えを広げると、「今の社会」の特徴や改善すべき点など、さまざまなキーワードが洗い出されます。

そこから数点ピックアップして、あなたの考える**「今の社会」**を定義しましょう。

例えば、「今の社会」の定義を次のように規定したとします。

「SNS中心のコミュニケーションにより、人と人とのつながりが希薄になっている。」

このように定義した社会の実態をふまえ、「現代の私たちが一緒に暮らす存在としてふさわしいのは、動物型ロボットかそれとも動物か」を考えていきます。

例えば、次のように展開します。

「スマートフォンの急速な普及によって、現代の私たちのコミュニケーションの多くはSNSを通じたものになった。しかし、「顔が見えない」相手との意思疎通は難しく、SNS上での言い争いなどのトラブルが起き続けている。筆者の述べている「人間が機械化する」こと、すなわち「相手に寄り添い、共感する」ことを怠る現象は、

SNS中心のコミュニケーションによっても引き起こされているといえる。」

この意見の場合、「今の社会において人間が一緒に暮らす相手としてふさわしいのは動物だ」と答えることができるはず。

これがあなたの**立場**になります。

立場が定まったら、「**なぜその立場にしたのか**」を整理します。動物と暮らすほうが今の社会に合っている理由を考え、簡潔にまとめましょう。

▼動物のほうがふさわしいと思う理由

ＳＮＳ中心のコミュニケーションは「人間の機械化」を引き起こし、お互いを理解しようとする気持ちを起きにくくしてしまう。そのため、人と人とのつながりが希薄になる。動物と一緒に暮らすことで、相手の気持ちを推測する力が養われることから、人間のパートナーにふさわしいのは動物である。

理由が書けたら、次は「リーズニング（理由づけ）」。「自分自身の体験や周りの人から見聞きしたエピソード」をもとに説明していきましょう。

論を深め、説得力のある文章にしていきます。

次のページのエピソードマップを参考に、実際に小論文を書いてみましょう！

動物のほうがふさわしいと思う理由の根拠
エピソードマップ

動物のほうがふさわしいと思う理由

SNSでのコミュニケーションが中心となった
社会では、人と人とのつながりが希薄になる。
しかし、動物と一緒に暮らすことで、
相手の気持ちを推測する力が養われると思うから。

Episode Start!

犬を飼った経験
(ミニチュア・ダックスフンドのハンナ)

飼い初めはなぜほえているのか
わからなかったので、
理解するために試行錯誤した。

だから
動物が
ふさわしい！

動物をペットにすることは
大変なこともあるが、
その分、意思疎通できたと感じる時は、
大きな喜びを味わうことができること
を学んだ。

ある日、「散歩だよ。」と言うと、
昼寝をしていたハンナが
立ち上がり、うれしそうにしっぽを
振って私を見つめた。
初めてハンナと心が通ったと感じた。

数か月たつと、ほえ方のちがいから
ハンナのしたいことがわかるよう
になった。

課題文の要旨をまとめたうえで、問いに対する自分の考えを示している。

解答例

課題文によると、安全で手間のかからない動物型ロボットが人間の心を癒やしているという。しかし、「自己主張」や「生死」がないロボットをパートナーとして求めることは、人間の機械化を意味すると筆者は述べている。私は、動物のほうが今の社会における人間のパートナーにふさわしいと考える。SNS中心のコミュニケーションで見失いつつある「相手に寄り添い、共感すること」の大切さを思い出させてくれる存在だからだ。

私は、「ハンナ」という名のミニチュア・ダックスフンドを飼っている。飼い初めの頃はよくほえられたが、理由はわからなかった。散歩やおもちゃなど、ハンナの喜びそうなことをしたが、もっとほえられることもあった。だがそれから数か月たつと、ほえ方のちがいから、ハンナが何を望んでいるかがわかるようになった。ある日、「散歩だよ」と声をかけると、昼寝をしていたハンナが立ち上がり、うれしそうにしっぽを振って私を見つ

自分の考えの根拠をみずからの体験から具体的に説明し、動物をペットにすることで得られることについても考察している。

めた。私はこの時、初めてハンナと心が通ったと感じた。このように、動物をペットにすることは大変なこともあるが、その分、意思疎通できたと感じた時は、大きな喜びを味わうことができる。
私は、動物のほうが今の社会に合っていると考える。動物と暮らすことで、相手の気持ちを推測する力を養うことができるからだ。便利なコミュニケーションツールは活用しつつ、思いやりのある社会を維持したい。

800
600

考察をふまえて、自分の考えを再提示している。

タイプ 3

要約&課題文型小論文

▼課題文の要約後、その論点をふまえてあなたの考えを述べるのが「要約&課題文型小論文」。要約のポイントをおさえるのがコツ!

1 設問に答えるときのポイント

このタイプの小論文は、**課題文全体の内容を要約させるもの**もあれば、**問いに答えるうえで必要な視点を要約によって明確にさせるもの**もあります。まずは、設問を読んでどちらが求められているかを判断しましょう。

要約のポイントは、**筆者の主張を正しく読み取る**こと。

例えば、「**文章を読んで、犬と人間の関わり方についての筆者の考えを、一五〇字**

以内でまとめなさい」というような設問であれば、「**犬と人間の関わり方**」というキーワードを念頭に置いて課題文を読み進めましょう。

筆者が「何を主張しているのか」「何を問題視しているのか」という視点で読み、制限字数内で要約します。

また、課題文の読解で時間をロスするのはアウト！　教科書の評論文で慣れておきましょう。

POINT

- 要約&課題文型小論文は、課題文の要約後にあなたの考えを述べるもの。
- 要約するときは、筆者の主張を正しく読み取ることが大切。

2 あなたならどう答える？

設問

次の文章を読んで内容を一五〇字以内に要約しなさい。そのうえで、「与えられた命を意味あるものにするために学ぶ」という筆者の考えについて、あなたの考えを八〇〇字以内で述べなさい。

生きていてよかったと思えるように

何のために生きるのか、どう生きたらいいのかということを一生懸命考えることは、自分の人生を意味あるものにするためにとても大事なことです。

人間というのは、自分で生きる時代や場所を選べるわけではありません。偶然、命を授かり、産み落とされたら、その時代、その社会を、生きていかなくてはいけません。人間とは、そういう存在なのです。

貧しいスラム街で生まれる子もいれば、紛争地のど真ん中で生まれる子もいます。

生まれるところもさまざまで、子どもはそれも選べません。生まれてからの条件にしても、何不自由ない裕福な家庭の子もいれば、塾に行かせてもらえない子、明日食べるのも大変だという子もいます。その中で「自分は生まれてきて、本当によかった」と思うために私たちは何をすればいいのでしょうか。

もちろん、その答えは簡単には見つかりません。いろんな人の意見を聞きつつ、試行錯誤していくしかないでしょう。

いろいろな生き方ができますが、やっぱりあとから振り返ったときに、「生きていてよかった」と思えるほうがいい。「頑張って生きてよかった」「世界広しと言えども、この体験は私だけの唯一のものだ」「私なりに、人生が深い喜びに満ちているということを知った」。せっかく生きるのだったら、そんなふうに思えるほうが得です。

ときには、一度決めた考えを変えなくてはいけないこともあるでしょう。そこで七転八倒しながら、自分の生き方について一生懸命考え続けていく。それしかないのです。

そこで考えることを怠ったら、それ以上幸せになれないかもしれない。だから本当に幸せになろうと思ったら、とにかく考え、いろいろなものを学び取っていくことです。

それぞれが、与えられた命を充実させていく方法を探っていく。少しでも幸せな人生が送れるよう、自分なりに考えていく。さらには、たった一度しかない人生だから、できたら楽しく面白いことをやろう、と。「学ぶ」ということの目的は、結局、これらを探すことに尽きるのです。

一度、立ち止まって考えてみる

皆さんもそうだと思いますが、日本の多くの若い世代は、極めて狭い枠の中で生活しています。学校に行っても、授業、宿題、試験……の繰り返しで、「何のために学ぶのか」なんていうことを、ゆっくり考えている暇はありません。

常に何かに追い立てられている感じで、つい「言われたことをやるしかない」という態度になりがちです。

でも、ぜひ、いったん立ち止まって、「なんで、この問題を解かなくてはいけないんだろう」「なんで、こんなことを覚えなくてはいけないんだろう」と考えてみてほしい。「なんで?」と考えなくなると、学びについての、さらに深い問いには行き着かなくなります。「だって、入試があるからでしょ?」でおしまいです。あるいは、「勉強しないと先生に叱られるし」「偏差値が下がるから」という程度でしょう。目の前の目標を達成することしか頭にないと、なんのために学ぶのかというところまで、考えがいかないのです。
「何のために？」と考え続けるのは、たしかに面倒です。答えが、すぐには出ないのですから。しかし、自覚的に生き、与えられた命をできるだけ意味あるものにしたいのであれば、折に触れて、学ぶ目的を考えることはやはり必要なのです。
考えることをやめてしまうと、どうなるでしょうか。マスコミや流行《はや》りの意見に安易に流されます。「時代の風潮がそうだったから」などと言い訳して、やがて思考が停止してしまいます。

出典：汐見稔幸《しおみとしゆき》『人生を豊かにする学び方』（筑摩書房）

課題文の要旨を捉えるときのTIPS♪

筆者は「学ぶことの目的」について、次のように述べています。

「何のために生きるのか、どう生きたらいいのかということを一生懸命考えること

は、自分の人生を意味あるものにするためにとても大事なことである。」
「それぞれが、与えられた命を充実させる方法を探り、幸せな人生のために考えていく。さらには、たった一度しかない人生だから、できたら楽しく面白いことをやろう、と。これらを探すことが「学ぶ」ということの目的である。」

次に、日本の若い世代について、こう問題提起しています。

「日本の多くの若い世代は、授業、宿題、試験……の繰り返しで、「何のために学ぶのか」ということを、ゆっくり考えている暇がない。目の前の目標を達成することしか頭にないと、何のために学ぶのかというところまで、考えがいかないのだ。
自覚的に生き、与えられた命をできるだけ意味あるものにしたいのであれば、折に触れて、学ぶ目的を考えることが必要である。」

これらをふまえ、実際に課題文の要旨を制限字数内にまとめてみましょう。

▼要約解答例

人生を意味あるものにするには、人生を充実させる方法を探すことが大切である。そのために人は学ぶべきだ。今の若者のように、目の前の目標を達成することしか頭にないと、目的意識をもって学ぶことができない。自覚的に生き、与えられた命をできるだけ意味あるものにしたいのであれば、学ぶ目的を考えることが必要だ。（一四八字）

要約でもっとも難しいのが、必要な部分と不要な部分を見極めつつ、適度な分量でまとめること。

最初のうちはついダラダラと長く書いてしまいがちですが、あきらめず何度もトライしてみましょう。新聞の一面に載っているコラムを書き写して、適度な分量の感覚をつかむのがおすすめです。

フレーム（論理構成）を考えるときのTIPS♪

課題文で筆者が主張しているのは、

「与えられた命を意味あるものにするために、人は学ぶべきだ。与えられた命をできるだけ意味あるものにしたいのであれば、学ぶ目的を考えることが必要だ」

ということ。

これをふまえて、**「与えられた命を意味あるものにするために学ぶこと」**の意味について、あなたの考えをまとめていきます。

このとき、筆者の考える「与えられた命を意味あるものにするために学ぶこと」が、課題文の中でどう書かれているかに気をつけましょう。

自分の想像で書いてはダメ。課題文の中で、言い換えられている箇所が必ずあるはずです。

「それぞれが、与えられた命を充実させていく方法を探っていく。少しでも幸せな人生が送れるよう、自分なりに考えていく。さらには、たった一度しかない人生だから、できたら楽しく面白いことをやろう、と。「学ぶ」ということの目的は、結局、これらを探すことに尽きるのです。」

なお、課題文で筆者の主張が抽象的にしか示されていないこともあります。その場合は、それがどういうことなのか、**あなたなりに解釈**して言葉にしましょう。

自分の解釈や具体例を示すことで、独創性や説得力のある文章になります。

あなたの考えをまとめるときは、**あなたらしさ（オリジナリティ）**を取り入れることも忘れずに！

授業や読書、ボランティア体験などで学んだことから、
自分が学ぶ目的を実感した経験がないかどうか
を振り返りましょう。

特にそのような経験がない場合は、あなたの周りにいる大人（親・先生・先輩など）が体験したことを取り上げてもOK。

その中からどの体験をもとに書くかを決め、問いについてあなたはどう考えるかをまとめましょう。

その際、先ほど確認した**筆者の考える「与えられた命を意味あるものにするために学ぶこと」についても明示しておくこと。**問いに対する自分の考えを示したら、なぜそう考えるのかを簡単に述べておきます。ここまでが第一段落（序論）になります。
次の段落では、「なぜそう考えるのか」=リーズニング（理由づけ）をしましょう。
読み手が納得するように、具体的に説明することが大切です。

よくある失敗が、**説明の途中で話がずれてしまう**ケース。
次のページのエピソードマップを参考に、**問いにそった的確な具体例**を選び出していきましょう。書いている途中で話が飛躍していないか、適宜チェックするとGood！

学ぶ目的を実感した経験とそこから考察したこと

エピソードマップ

筆者の主張

与えられた命を意味あるものにするために、
人は学ぶべきだ。与えられた命をできるだけ
意味あるものにしたいのであれば、
学ぶ目的を考えることが必要だ。

Episode Start!

私のいとこの経験
（英語が好きなので、中学生の時から
英語学習をがんばっていた）

↓

大学では外国語学部で英語を専攻した。
京都で観光ガイドをするサークルに入り、通訳ガイドのトレーニングをした。

↓

この経験から、
通訳ガイドになるという
目標ができた。

だから私はこう考える！

このエピソードを聞いて、目標を達成するまであきらめずに努力し続けることは、「与えられた命を意味あるものにするために学ぶこと」と同じ意味だと感じた。

大学を卒業して、いったんは通訳ガイドではない職に就いたが、英語の学習を続けた。二年後に試験に合格できた。

このように、英語の学習と観光ガイドの活動をとおし、「通訳ガイドになる」という目標ができた。それが学ぶ目的になった。

通訳ガイドの試験に向けて学習を始めた。英語検定一級を取得すると語学試験が免除されるので、その学習も始めた。

いとこに聞いたエピソードから、
「「与えられた命を意味あるものにするために学ぶ」とは、「目標を達成するまであきらめずに努力し続ける」という意味である」
というあなたなりの解釈を導き出すことができました。

また、ここまでで、
・問いに対するあなたの考え
・そう考えるきっかけになった具体例
・具体例からあなたが学んだこと
を整理してきました。

小論文の最後には、**問いに対するあなたの考えを再提示**します。

それに加え、**将来への展望**を簡単につけ加えておきましょう。

例えば今回の場合は、次のように締めくくりましょう。

「学ぶ目的をもち続けることで、生きている間はずっと成長していけると思う。何歳になっても、どう生きたいかということを大切に、目的をもって学ぶことを意識して生きていきたい。」

これで小論文を書くのに必要なパーツがすべてそろいました！

これらのパーツを組み立てて、小論文を完成させましょう。

筆者の主張を簡潔にまとめている。それらをふまえて、「与えられた命を意味あるものにするために学ぶ」という筆者の考えについて、自分の考えを提示している。

解答例

課題文で筆者は、「与えられた命を意味あるものにするために、人は学ぶべきだ」と述べている。筆者の言う「与えられた命を意味あるものにするために学ぶこと」とは、各自が命を充実させる方法を探り、少しでも幸せな人生が送れるよう自分なりに考えていくことであり、これらを探すことが「『学ぶ』ということの目的」であるというのが筆者の考えだ。これをふまえ、私は「与えられた命を意味あるものにするために学ぶ」とは、「目標を達成するまであきらめずに努力し続ける」という意味であると考える。

私のいとこは、英語が好きで、中学生の頃から英語の学習に励んでいた。大学では外国語学部で英語を専攻し、サークルでは外国人観光客に向けた観光ガイドをしていた。外国人に日本文化を説明する時、どうしたらわかりやすく伝わるかを学ぶことができたそうだ。この経験から通訳ガイドになりたいという目標ができ、日々の学習

考察をふまえて、問いに対する自分の考えを再提示している。さらに、将来の展望を簡潔に示し、前向きにまとめている。

に加え、語学試験の免除対象となる英語検定一級の学習も始めた。英語の学習と観光ガイドの活動をとおし、将来の目標、すなわち学ぶ目的ができたのだ。彼女は大学を卒業後、いったんは通訳ガイドとは無関係の職に就いたが、通訳ガイドと英語検定の勉強を毎日続け、二年後に無事試験に合格した。このエピソードを聞き、目標を達成するまであきらめずに努力し続けることこそが「与えられた命を意味あるものにするために学ぶこと」を意味していると感じた。

以上のことから、「与えられた命を意味あるものにするために学ぶこと」とは、目標を達成するまであきらめずに努力し続けることであると私は考える。学ぶ目的をもち続けることで、生きている間はずっと成長していけると思う。何歳になっても、どう生きたいかということを大切に、目的をもって学ぶことを意識して生きていきたい。

自分の考えの根拠を、いとこが経験したことから具体的に説明し、与えられた命を意味あるものにするために学ぶことの意義を分析している。

タイプ 4

図表・データ&会話文型小論文

グラフや図表などのデータと、会話文を関連づけて読み、考えを述べるのがこのタイプ。近年入試でよく見られる「新傾向」の小論文です。

1 設問に答えるときのポイント

このタイプの小論文では、提示された会話文とグラフや図表などのデータを正しく読み取り、きちんと理解することが重要です。

例えば、「**手書きの手紙とSNSのメッセージでは、人間関係を深めるうえでどち**

らが有効か」という問いに関連した会話文と、**「手紙とSNSに関する年代別の価値観（手書きの手紙派かSNS上のメッセージ派か？）」**を集計したグラフがあるとしましょう。

まず、その会話文に、登場する両者（あるいは複数の人々）が、それぞれどんな考えのもとに話しているのかを理解します。

次に、グラフに表れている事実を読み取り、会話文の内容と比較・関連づけてあなたの考えを述べていけばOK。

この「比較」と「関連づけ」が苦手という人も多いのでは？　データへの目のつけどころがわかれば、攻略するのは難しくありません。

早速、実際の問題を見ていきましょう！

POINT

図表・データ&会話文型小論文は、与えられたデータどうしを正しく読み取り、事実を比較・関連づけることが大切。

2 あなたならどう答える？

設問

次の表から、共働き夫婦と妻が専業主婦の家庭での家事・育児の分担状況を比較しなさい。そのうえで、後の会話文を読み、妻が専業主婦の家庭において、家事・育児を夫婦間でどう協力するべきかについて、あなたの考えを八〇〇字以内で述べなさい。

表

夫と妻の家事関連時間

共働きか否か，行動の種類別生活時間の推移（平成8年～28年）
――週全体，夫婦と子供の世帯の夫・妻

（時間．分）

		共働き世帯					夫が有業で妻が無業の世帯				
		平成8年	平成13年	平成18年	平成23年	平成28年	平成8年	平成13年	平成18年	平成23年	平成28年
夫	仕事	8.14	8.02	8.22	8.30	8.31	8.12	8.11	8.19	8.22	8.16
	家事	0.07	0.09	0.11	0.12	0.15	0.05	0.07	0.08	0.09	0.10
	育児	0.03	0.05	0.08	0.12	0.16	0.08	0.13	0.17	0.19	0.21
妻	仕事	4.55	4.38	4.43	4.34	4.44	0.03	0.04	0.02	0.04	0.06
	家事	3.35	3.31	3.28	3.27	3.16	5.02	4.49	4.42	4.43	4.35
	育児	0.19	0.25	0.36	0.45	0.56	1.30	1.48	1.57	2.01	2.24

出典：「平成28年社会生活基本調査 生活時間に関する結果」（総務省）より抜粋
https://www.stat.go.jp/data/shakai/2016/pdf/youyaku2.pdf

会話文

夫はフルタイムで働く会社員、妻は専業主婦の家庭。生後半年の子どもが一人いる。平日のある夜の会話。

妻「地域の会合に行ってくるから、台所にあるお皿を洗っておいてくれない？」

夫「……。」（リビングで仕事をしている）

妻「ねえ！　聞こえてるの？」

夫「わかったよ！　洗っとく！（どうしよう。今日中に書類作成を終わらせてメールで送るって言っちゃったんだよな……。）」

40分後――

妻「あれ、まだやっていないじゃない！」

夫「ああ……、ごめん。今から洗うよ。今日中に終わらせなきゃならない仕事があってね……。」

妻「仕事は会社で終わらせてきてほしいんだけど。どうして家に持ち帰ってくるの？」

夫「仕方ないだろう。いろいろと忙しいんだよ。」
妻「もう少し、家事や育児を手伝ってくれるとうれしいんだけどなあ。」
夫「昨日はお風呂掃除をしたし、先週の日曜日は洗濯も手伝ったよね？　結構手伝っているつもりなんだけど……。」
妻「家事と育児に終わりはないのよ。何でも自分の都合で動けるわけじゃないから時間もかかるし。それに最近、寝不足で頭痛がするの。」
夫「そうなのか。全然知らなかった。すぐ洗うよ。明日は土曜日だし、僕が子どもを公園に連れて行くね。その間に少し休んだら？」
妻「ありがとう。（少しは、こっちの苦労もわかったかな。）」

データを読み取るときのTIPS♪

まずは、図表を読み取るときのポイントから見ていきましょう。

・事実に即して読む

データの傾向を無視したり、自分の意見を述べるのに都合のよい数値だけを切り取ったりするのは絶対にNG。提示されたグラフや表など、資料が示している**客観的な事実**を洗い出し、正確に分析することを心がけましょう。

・タイトルや単位をチェック

タイトルから、その図表が何を表している資料なのかをおさえましょう。今回の表であれば「夫と妻の家事関連時間」がそれにあたります。

また、「〜時間」「〜分」や「〜年」など、どのような単位が使われているかも重要なポイント。当たり前なようで意外とスルーしがちな落とし穴です。

- **「目のつけどころ」はココ！**

割合や数量を示した図表では、数値が特に大きく（小さく）なっている部分に注目しましょう。

時期ごとの量の増減（推移）を示した図表では、大きく変化している時期や、安定して変化がない時期に注目するとよいでしょう。

「なぜ大きな変化が見られるのか」、もしくは**「なぜまったく変化が見られないのか」**という疑問が、図表を読み取るヒントになります。

（時間. 分）

		共働き世帯					夫が有業で妻が無業の世帯				
		平成8年	平成13年	平成18年	平成23年	平成28年	平成8年	平成13年	平成18年	平成23年	平成28年
夫	仕事	8.14	8.02	8.22	8.30	8.31	8.12	8.11	8.19	8.22	8.16
	家事	0.07	0.09	0.11	0.12	0.15	0.05	0.07	0.08	0.09	0.10
	育児	0.03	0.05	0.08	0.12	0.16	0.08	0.13	0.17	0.19	0.21
妻	仕事	4.55	4.38	4.43	4.34	4.44	0.03	0.04	0.02	0.04	0.06
	家事	3.35	3.31	3.28	3.27	3.16	5.02	4.49	4.42	4.43	4.35
	育児	0.19	0.25	0.36	0.45	0.56	1.30	1.48	1.57	2.01	2.24

では実際に、共働き世帯と妻が専業主婦の世帯を比較してみましょう。

▼夫（共働き世帯）と夫（妻が専業主婦の家庭）の比較

※平成8年と平成28年を比較

- どちらの世帯においても、夫が家事・育児・仕事にかける時間は、増加している。

⬇夫は労働時間が増加している一方で、家事・育児に参加する時間も増加している。

▼妻（共働き世帯）と妻（妻が専業主婦の家庭）の比較

※平成8年と平成28年を比較

- どちらの世帯においても、家事の時間が減少している。
- どちらの世帯においても、**育児の時間が大きく増加している。**

・共働き世帯の妻は、仕事の時間が減少している。

⬇どちらの世帯においても、妻が家事にかける時間は減少している。一方で育児の時間が大きく増加している。特に共働き世帯の妻は、家事だけでなく仕事の時間を減らしながら、育児の時間を増やしている。

次に、会話文について読み解いていきましょう。

幼い子どもがいる夫婦の会話。妻は専業主婦。
妻は夫に家事を手伝ってほしいが、夫は自宅で今日中に終わらせなくてはならない仕事をしている。妻に食器洗いを頼まれたにもかかわらず、仕事に夢中で忘れてしまった。それに腹を立てた妻をなだめるため、夫は翌日に子どもの面倒を見ると提案した。妻は、自分の苦労を理解してくれたと安堵《あんど》した。

⬇夫が仕事に集中しがちで、家事や育児を後回しにする傾向がある。

⬇家事や育児の分担の比重について、夫と妻で認識に差がある。

フレーム（論理構成）を考えるときのTIPS♪

今回のような課題は、会話文と表から読み取ったことをふまえ、両者を比較・関連づけて問いに答えることが大切です。

会話文から**その課題に関する考え方**を、**表**から**客観的な現状**を読み取ったうえで、**課題に関する意見**を**展開する**ことが求められます。

では表の比較結果と会話文から読み取ったことをもとに、**「妻が専業主婦の家庭において、家事・育児を夫婦間でどう協力するべきか」**ということについて、あなたの考えを展開していきましょう。

この二〇年間で、夫の労働時間が増加している一方、家事・育児に参加する時間も増加していることが、表からわかりました。

また、妻が家事にかける時間は減少する一方、育児の時間は大きく増加しています。妻が専業主婦の家庭の会話文からは、夫が家事や育児より仕事を優先する場合があるということが読み取れます。

つまり、統計上は夫が家事・育児を手伝う時間が増えているのに、個々の家庭を見てみると、状況にばらつきがあるということがわかります。

なぜこのような差が出てしまうのでしょう？

ここで、**個々の家庭状況にばらつきがある原因**を、幼い子どもがいる夫婦を取り巻く**社会背景**から考えてみましょう。

もしくは、あなたが見聞きしたエピソードを具体例として取り上げて考察してもOKです。

▼個々の家庭状況にばらつきがある原因

- 妻が無収入なので、家事・育児は妻が大半を担当するべきという意識が、夫に根強くある。（男性優位の風潮がまだ残っているという社会の課題を内包している。）
- 職種によって、家事・育児にかけられる時間が変わってしまう。例えば私の母のような営業職だと、出張や顧客との会食などで自宅にいる時間がどうしても短くなってしまう。一方、私の兄のようにフリーランスで働く人は、自由な時間に仕事ができるため、隙間時間で家事・育児をする時間をもつことができる場合もある。
- 家事には、掃除・洗濯・食器洗いなど、さまざまなものがある。育児も同様で、食事を与える・おむつを替える・添い寝など、たくさんのタスクがある。私の兄に聞

いたエピソードから、どの家事を分担するかを夫婦で話し合って明確に決めている家庭は、タスクを遂行しやすく、反対に、分担をあいまいにしておくと、相手に頼ってしまう傾向があるようだ。

ここで気をつけたいのが、データからわかる**客観的な事実**を意識し続けるようにすること。

自分の考えを深めていく過程では、どうしても論が飛躍しがちになりますが、データが示す事実から自分の分析と意見が逸れていないか、常にチェックすることが大切です。

前のページで考えた原因をすべて盛りこもうとすると、制限字数内でまとめることが難しくなります。

今回は**八〇〇字以内**でまとめなくてはいけません。取り上げる原因は一つが妥当でしょう。

今回は、次の原因を取り上げて、考察していくことにします。

「家事には、掃除・洗濯・食器洗いなど、さまざまなものがある。育児も同様で、食事を与える・おむつを替える・添い寝など、たくさんのタスクがある。私の兄に聞いたエピソードから、どの家事を分担するかを夫婦で話し合って明確に決めている家庭は、タスクを遂行しやすく、反対に、分担をあいまいにしておくと、相手に頼ってしまう傾向があるようだ。」

最後は、「妻が専業主婦の家庭において、家事・育児を夫婦間でどう協力するべきか」という問いについての、「**ソリューション**（解決策）」を考えていきましょう。

前のページで考察した原因をもとに、どんな方法で問題を解決できるかを考えてみましょう。今回の場合は、兄に聞いた経験談を参考にすることができそうです。

「家事には、掃除・洗濯・食器洗いなど、さまざまなものがある。育児も同様で、食事を与える・おむつを替える・添い寝など、たくさんのタスクがある。私の兄に聞いたエピソードから、どの家事を分担するかを夫婦で話し合って明確に決めている家庭は、タスクを遂行しやすく、反対に、分担をあいまいにしておくと、相手に頼ってしまう傾向があるようだ。」

▼ソリューション

一つ一つのタスクにどのくらいの時間がかかるかを計算する家庭は少ないと思う。だが、一度、計算をしてみることで、どの家事とどの育児を組み合わせたら夫婦の分担が平等になるのかを考えることができる。そうすることで、不平等さを解消できる。分担をするときは所要見込み時間だけでなく、お互いに得意な家事や育児のタスクを担当するという方法もある。得意なことならやる気が持続するし、「やりたくない」

という抵抗感も低い。また、自分が苦手なことを相手がしてくれることで、感謝の心が芽生えるため、両者にとって好都合である。

それでは、今まで考えたパーツを組み合わせて、小論文をまとめてみましょう。制限字数に合わせて「ソリューション」の内容を精査し、内容を絞るとGood！

表と会話文から読み取れたことを簡潔にまとめている。そのうえで、専業主婦世帯の家事・育児分担について、問題提起をしている。

解答例

表の平成八年と平成二十八年を比較すると、どちらの世帯においても、妻が家事にかける時間は減少する一方、育児の時間が大きく増加している。また、どちらの世帯においても、夫は労働時間、家事・育児の時間が増加していることがわかる。しかし会話文からは、専業主婦の家庭において、夫は家事・育児より仕事を優先する場合があることがわかる。より多くの家庭で協力し合い、夫婦間の分担を平等にするにはどうしたらよいか。

　私の兄の家庭では、以前は家事を分担していなかった。お互いにできることをするだけで何とかなっていたという。しかし長男が生まれて、育児の時間が必要になり、夫婦間のけんかが増えた。解決策として、各タスクにどのくらいの時間がかかり、タスクをどう組み合わせたら平等になるのかを考えた。その際は、妻が得意なことは妻が、夫が得意なことは夫が担当することにした。そうすることで家事・育児のハードルが低くなったそうだ。

400　200

兄の体験から、夫婦間の家事・育児を平等にするためにどうしたのかを説明している。

夫婦間の家事・育児を平等にするために、どのような工夫ができるのかを、兄の成功例から考察している。

「自分が苦手なことを妻がしてくれるので、感謝の心が芽生えた。分担をあいまいにしていたときは妻に頼りがちだったが、今は仕事の一つとして、自分が担当のタスクは必ず済ますようになった」と兄が語っていた。

「夫が働いて家族を養っている場合、専業主婦の妻は家事・育児に精を出すべき」という意識をもっている男性は少なくないと思う。だが、私の兄のように、家事・育児にかかる時間を可視化することで、家事・育児も労働の一部だとイメージすることができるのではないか。また、得意なタスクを担当することも、夫が家事・育児に取り組みやすくなる利点の一つであると考える。

このように、家事・育児の時間を可視化して平等に分担したり、得意なタスクを担当したりすることで、専業主婦世帯での夫婦間の家事・育児のバランスが平等になる。平等に分担することで、お互いへの感謝を感じながら、円満な家庭を維持できると私は考える。

問いについての自分の考えを、考察をふまえて簡潔にまとめている。さらに、平等に分担することで家庭がどうよくなるかについて言及している。

タイプ 5

志望理由書

▼あなたがなぜその志望先（大学の学部・学科・所属など）を志望しているのかを説明するのが「志望理由書」です。

1 志望理由書の評価ポイント

そもそも、なぜ入試に志望理由書が取り入れられているのでしょうか？

例えば、あなたが志望理由書に「▲▲が学べるので志望しました。また、××がある点にも興味をもちました。ほかにも、○○の施設が充実しているので、楽しそうだと思いました……」などと、志望理由を思いつくまま述べたとしたら、合格は難しいでしょう。

志望理由書では、**そこで学びたいこと**と、**将来就きたい職業**を**リンク**させたり、**学んだこと**を**社会へ**どのように**還元**したいのかを**説明したりすること**が求められます。

志望理由書を読む人が、
「この生徒なら、入学後も目標に向かってがんばってくれるだろう！」
と確信できる志望理由書を目指しましょう。

POINT

- 志望理由書は、その志望先を志望する理由を説明するもの。
- 志望先で学びたいことと、自分の将来像を結びつけることが大切。

2 あなたならどう答える?

設問

本学を志望する理由と入学後の抱負を八〇〇字以内で述べなさい。

フレーム(論理構成)を考えるときのTIPS♪

「本学を志望する理由と入学後の抱負を〇〇字以内で述べなさい」

これは志望理由書でよく見られる定番の問いです。どんな問いが出題されるかわからないタイプとちがい、対策が立てやすいですね。

まず、序論では志望している学部・学科を示しましょう。なぜその分野を学びたいと思っているのかも簡潔に述べます。

本論では、その分野を学びたいと思ったきっかけを、あなた自身が体験したことを入れて説明しましょう。その際、**あなたがどんな人間なのかが読み手に伝わるようなエピソード**を盛りこむとよいでしょう。

そして、**将来の夢**や**解決したい社会問題**などとリンクさせ、志望先で学ぶことがあなたにとっていかに価値があるのかをアピールします。

志望先ならではの特徴にふれることも忘れずに！　ほかの学校ではなく、その志望先でなくてはならない理由を明確にしましょう。

結論では、志望している学部・学科を改めて示し、**学んだことを将来にどう生かしていくか**、熱意や真剣さをアピールして締めくくるとよいでしょう。

コンテンツ（内容）を考えるときのTIPS♪

志望理由書は、学びに対するモチベーションや適性を見極めるためのもの。

あなたがどんな人間で、何をどう学びたいのか、どのくらい真剣なのかを、志望先へアピールしましょう。

つい陥りがちなのが、**「サークルなどの課外活動」**や**「設備の充実度」**だけを志望先の魅力として挙げること。これでは**「入学後に何をしたいんだろう？　ちゃんと学んでくれるのかな？」**と疑われてしまいます。

その志望先でしか学べないことと、自分の熱意を関連づけて書くことで、説得力のある志望理由書になります。

あなたが大学や専門学校を卒業する頃には「就職活動」という人生の一大イベントが待っています。そのときに求められる「履歴書」や「自己PR書」も、評価されるポイントの根底は一緒。志望理由書は、あなたという人間を紹介し、アピールする絶好のツールなのです。

志望先で学べることの特徴と、あなたの将来像をリンクさせ、**「なるほど。だから本学を選んだんだなあ。ぜひ全力でがんばってほしい！」**と思ってもらえるような内容に仕上げましょう。

将来の夢を提示し、その夢の実現のために、志望先で何を学び、身につけたいのかを簡潔に示している。

歴史学習に興味をもったきっかけについて述べている。

解答例

私は将来、歴史のストーリーのおもしろさを伝えられる学芸員になりたいと思っています。そのために、貴学史学科で文献や発掘物などから歴史的事象を考察し、報告書や論文をまとめる力やプレゼンテーション能力を身につけたいです。また、博物館についての専門知識を学び、学芸員の資格を取得することも希望しています。

私は、小学五年生の頃から歴史の学習に強い好奇心を抱いていました。例えば第二次世界大戦で敗北した日本が、苦境に負けず力強く復興していったことを知り、一つの物語を読んでいるかのような臨場感を覚えました。それこそが、歴史を学ぶ楽しさだと実感しています。

私が学芸員を目指す理由は、歴史的・文化的に価値のある資料や作品を人々に伝えられるということです。私が小学生時代に感じた歴史のストーリーのおもしろさを、多くの人々に伝えていきたいです。

貴学史学科を志望した理由は、考古学コースがあり、

400

200

学芸員を目指す理由を説明している。

志望先で学びたい理由を具体的に説明している。志望先の特徴を理解したうえで、志望していることがよく伝わってくる。

遺跡発掘調査ができることを魅力的に感じたことです。資料を読み解くだけでなく、地層を掘って土器や木簡などを発掘し、それらが使われていた時代やその背景などを分析できる点に大きな魅力を感じました。このような学びをとおして、歴史的事実を解説するだけでなく、その裏に隠されたストーリーを、博物館を訪れた人たちに伝えられるような学芸員になりたいです。

　私は中学生の頃、英語がとても苦手でした。高校生になってからは、日本史についての洋書を読んで英語力を磨き、高校二年生の冬に英語検定二級に合格できました。この英語力を、海外の考古学関連資料の読解に生かしたいです。

　私は学芸員になるために、貴学史学科を志望します。歴史のストーリーのおもしろさを伝えられる学芸員になるため、考古学コースで遺跡発掘調査に全力を注ぎたいと思います。

将来の夢と、その実現のために志望先で何を学びたいのかを簡潔に示している。

今までがんばったことを、志望先でどう生かせるのかを明示している。

知ってトクするお役立ちキーワード集

▼小論文に挑むうえで、最近話題の知っておきたい時事用語・キーワードを集めました。これを頭に入れておけば、小論文はもう怖くない！

社会・経済

ワーク・ライフ・バランス

仕事と私生活（家事・育児や介護、趣味や学習、地域活動など）との調和をとり、その両方を充実させる働き方・生き方のこと。この実現に向けて時短勤務やテレワークを推奨・推進する企業が増えている。

テレワーク

働く場所を会社に限定せず、自宅やサテライトオフィスなど働く場所を柔軟に決める働き方。ICT（情報通信技術）の発展によって、可能になった。交通混雑の緩和や人の移動にともなうCO_2の削減、オフィスのスペースや紙などの削減、また、災害時や新型感染症流行時に働く人の安全を守るなど、さまざまなメリットがあり、導入する企業が増えている。

ユニバーサルデザイン

言語や文化、国籍、年齢、性別、能力などにかかわらず、多くの人が快適に利用可能であるように製品や建物、空間をデザインすること。

シェアリング・エコノミー

インターネットを介して、モノや場所、乗り物やスキル、お金などを共有・交換する経済の形。自宅で使わない部屋を旅行客などにレンタルするサービスなどがある。

睡眠負債

睡眠不足が借金のように積み重なって心身の不調を引き起こす状態のこと。日本は睡眠負債大国と呼ばれている。

環境

温室効果ガス

大気中の二酸化炭素やメタン、フロンなどのガスのこと。温室効果ガスの大気中の濃度は、人間活動により上昇する。太陽からの熱を地球に封じこめ、地表を温める働きがある。

海洋性プラスチック

海に大量に流入するプラスチックのこと。ペットボトルや食品トレー、洗剤の容器などのプラスチック製品が屋外に捨てられ、風雨や台風などで河川へ移動し、最終的に海へ流れこんでしまう。移動している間に紫外線を浴びるなどしてもろくなり、五ミリ以下の大きさに変化する（＝マイクロプラスチック）。魚や鳥がそれを食べることで、死亡するケースも起きており、国際的な問題として注目されている。

再生可能エネルギー

太陽光・風力・地熱・水力・バイオマス・太陽熱など、温室効果ガスを排出せず、消費しても絶えず補給される自然エネルギーのこと。

自力で「小論文」を書くためのTIPS♪

ロードマップとゴール、成功へのカギ。

1 レシピにそって、一歩ずつ

▼**小論文を書くということは、料理に似ています。**

小論文は、出題される**タイプ（どんな料理か）**に合った**フレーム（レシピ）**を理解し、論を展開していくことがポイントです。

今はちょうど、作りたい料理のレシピを読み終えた状態。これから、レシピどおりにおいしい料理を作らなくてはなりません。

小論文を自力で書くには、まずは**フレーム＝レシピをきちんと理解**することが大切。

その次に、自分の意見を支える根拠や、考察しようとしている問題の原因を準備します。料理の具材を準備することと似ていますね。食べる人を笑顔にできるよう、しっかり料理（考察）しましょう。

POINT

小論文は料理と一緒。まずは、フレーム＝レシピをきちんと理解することが大切。

2 いつだってゴールを忘れない

▼「結論」＝「ゴール」を目指して論を展開していくのが小論文です。

最後の段落で述べる結論こそが、あなたの小論文のゴールです。

論を展開していく途中で話がずれて、あいまいな結論になってしまうこともよくあります。

例えるなら、濃厚なインド風カレーを作ろうとしたのに、ルーが薄いカレーになってしまうようなもの。これでは、読み手を納得させることはできません。

これまで学んできたように、結論のまとめ方は、問いで何が求められているのかによって変わります。

主題提示パターンなら意見を再提示、問題解決パターンならソリューションを提示しましょう。

誰でもすぐにマスターできるわけではありませんので、どうか気を落とさないように！

さまざまなタイプの小論文にトライしてみてください。

POINT

- 結論＝小論文のゴール。ゴールを目指して論を展開するのが小論文。
- 主題提示パターンなら結論で意見を再提示、問題解決パターンならソリューションを提示。

3

「小論文」という冒険を成功させたいですか？

小論文上達のコツは、さまざまな課題に果敢に挑戦すること。

「書けるかどうか自信がないなあ……。」というあなたも大丈夫！　自信はあとからついてくるものです。これも料理と同じですね。

砂糖を入れるべき工程でうっかり塩を入れてしまったり、水を入れすぎてしまったり……。

そういった失敗を重ねることで、

どう書けば正しいゴールにたどり着くかが、

感覚的につかめてきます。

その感覚がつかめるまで書き続けましょう。

あなたの努力は必ず報われます！

うまくまとめられなかったときは、どこがよくなかったのか、本書をめくって確認し、説得力のある文章を書く技術に磨きをかけてください。

この本を読んでいる北海道のA君も、宮崎県のBさんも、小論文の冒険に出る準備をしています。全国の仲間と「ショウロンブン」の冒険へ出かけましょう！

POINT

小論文は何度も書いて挑戦することが上達のコツ。

4 「ショウロンブン」の冒険の先に

ここまで読んでくれたあなたへ、最後にメッセージがあります。

小論文を書くことで、次の三つの力を身につけることができます。

①自分の考えを自分の言葉で表現する力
②資料（本やデータ、ウェブサイトなどの情報）を読み取り分析する力
③自分の意見を客観的にまとめる力

実はこれらの力は、社会人になっても大いに役立つのです。

例えば、あなたが文房具メーカーの営業部社員だとします。

「資料を読み取り分析する力」は、売上データから、どの商品が日本でいちばん売れ

ているのかを読み取るとき、
「自分の考えを自分の言葉で表現する力」は、営業会議やプレゼンをするとき、
「自分の意見を客観的にまとめる力」は、どういった点が他社の商品とちがうのかを
客観的に説明し、お客さんに商品を売りこむときに生かせます。

「ショウロンブン」の冒険の先には、「ハタラク」という新たな冒険が待っています。

さあ、あなたも一緒に「ショウロンブン」の冒険を楽しみましょう！

CHECK IT

読み手を納得させる準備と最終点検。

これで完璧！　ワンランクアップの便利ツール

最終点検チェックシート

▼小論文が書けたら、チェックシートで確認しましょう。
☑が入らなかったところは不十分なところ。
最後まで気を抜かず、よりよい仕上がりを目指しましょう！

文章表現と表記

1　原稿用紙の使い方

⬇p.28～をチェック！

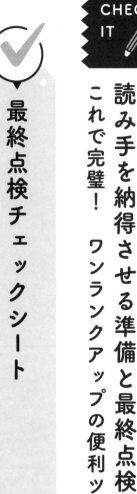

- □文章の書き出しや改行時は、行頭を一マス空けている。
- □文の途中に適宜、読点（、）を入れている。
- □一文の終わりには句点（。）をつけている。
- □行頭に句点や読点を書いていない。
- □行頭に句点や読点が来る場合は、前行の最終マスの右下に書いている。
- □会話文には、カギ括弧（「　」）を使っている。
- □本の書名や会話文中での引用には、二重カギ括弧（『　』）を使っている。
- □会話文以外でも、強調したいところにはカギ括弧を使っている。
- □テレビ番組や映画のタイトルには、カギ括弧もしくは二重カギ括弧を使っている。
- □カギ括弧や二重カギ括弧は、一マス使っている。
- □句点と閉じカギ括弧は同じマスに書いている。
- □感嘆符（！）や疑問符（？）、「…」「—」などの記号は使っていない。
- □促音（小さい「っ」）と拗音《ようおん》（小さい「や・ゆ・よ」）には、一マス使っている。
- □促音や拗音が行頭に来る場合も、そのまま一マス使っている。
- □縦書きの場合、数字は漢数字を用いている。
- □制限字数の八〜九割でまとめられている。

2 要約を書く際のマス目の使い方

→p.29〜をチェック！

- □書き出しは、最初のマスから書き始めている。（一マス空けていない。）
- □句点や読点、カギ括弧には一マス使っている。
- □改行せずに書いている。

3 文章表現

→p.30〜をチェック！

- □呼応表現に注意して書けている。（主部・述部／接続詞／副詞）
- □並列の関係に注意して書けている。
- □修飾・被修飾の関係に注意して書けている。
- □修飾部は被修飾部のすぐ前に置き、わかりやすい文脈になるよう工夫している。
- □「だ・である」体、もしくは「です・ます」体のどちらかに統一させている。
- □一文は六〇字程度で書けている。
- □読む人に意味が正しく伝わる文章になっている。
- □話し言葉を使っていない。
- □略語を使っていない。

□ら抜き言葉を使っていない。

内容構成

1 主題提示パターン【基本編】

➡Chapter 2・3をチェック！

□設問を読み、クエスチョン（問い）を的確におさえることができている。
□第一段落で、問いに対する自分の考えとそう考える理由を簡潔に示している。
□自分の考えを具体的に説明できる具体例を一つ取り上げている。
□自分の考えに関係のないエピソードや体験談は入れていない。
□具体例から自分が何を考えたのか、何がわかったかを考察できている。
□具体例からの考察をとおし、自分の意見にリーズニング（理由づけ）ができている。
□最後の段落では、自分の意見と将来の展望を提示し、オリジナリティがあるまとめにできている。
□制限字数の八〜九割で書けている。

2 問題解決パターン【基本編】

↓Chapter 2・3をチェック！

- □設問を読み、クエスチョン（問い）を的確におさえることができている。
- □第一段落では、問いで提示されている事象について、あなたなりの問題提起ができている。
- □問題提起したことについて、その問題の原因を明らかにしている。
- □問題の原因に関連した具体例（エピソードや体験談）を挙げ、原因について考察している。
- □問題の原因を明らかにしたうえで、ソリューション（解決策）を示している。
- □ソリューションは、あなたが提起した問題を解決できる内容になっている。
- □ソリューションを実践することで、社会がどのようによくなるのかを提示し、オリジナリティがあるまとめにできている。
- □制限字数の八～九割で書けている。

3 両パターン共通【発展編】

↓p.54～をチェック！

- □反対意見を取り入れている。
- □反対意見に対し、客観性のある反論ができている。

4 タイプ別【志望理由書】

↓p.132～をチェック！

- □第一段落に、志望先（学部・学科）で何を学びたいのか、また、なぜその分野を学びたいのかを簡潔に示している。
- □志望先で学びたいことと自分の将来像を結びつけて、具体的・客観的に説明している。
- □志望する理由やきっかけを、あなたの人物像がわかるエピソードをとおして説明している。
- □最後の段落で、志望先で学んだことを将来のキャリアにどう生かしたいかといった将来の展望を示している。

トクトク情報源

▼小論文によく出るテーマや関連する書籍・ウェブサイトは逃さずチェックしておきたいもの。日頃から多様な情報にふれておきましょう。

読んでおきたいおすすめ本

●**『新 13歳のハローワーク』村上龍《むらかみりゅう》**（幻冬舎／二〇一〇年）

仕事内容やその仕事に就く方法、学校で何を学べばよいか、仕事の大変な側面などが簡潔明瞭に説明されているので、志望理由書を書く際に参考になるはず。本書冒頭の「はじめに」では、さまざまな視点から「働く」ということについて述べられている。「働くことの価値や意義」を問う小論文の対策に最適。

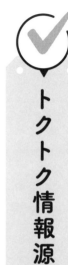

●**『世界がぐっと近くなる　SDGs《エスディージーズ》とボクらをつなぐ本』**

池上彰《いけがみあきら》 監修（学研プラス／二〇二〇年）

「貧困」「飢餓」「教育」「ジェンダー」「エネルギー」「インフラ」「気候変動」など、グローバルな社会問題の背景や想定されるソリューションについて説明されている。小論文のおともにおすすめの一冊。

●**『読書力』　齋藤孝《さいとうたかし》**（岩波新書／二〇〇二年）

読書によってどんな力がつくのか、本に親しみをもつための方法など、読書によって人はどのように成長できるかを知ることができる。「読書の意義」などを問う小論文において、課題文として使われる場合もあるので一読しておこう。

●**『「家事のしすぎ」が日本を滅ぼす』　佐光紀子《さこうのりこ》**（光文社新書／二〇一七年）

「家事」に対する考え方のちがいを、日本と海外の事例やインタビューなどから考察している。さまざまな資料（グラフや表・分布図など）が載っているので、データの読み取り練習にも◎。

●『なぜ科学を学ぶのか』池内了《いけうちさとる》（ちくまプリマー新書／二〇一九年）

科学・技術の成果やプラスの側面ばかりに目が行きがちだが、マイナスの側面も理解しておくことは、科学・技術をうまく生かすうえで重要なこと。科学的な考え方を養うことで、科学・技術の負の側面にどう対応できるかを考えることができる。

●『医療のこと、もっと知ってほしい』山岡淳一郎《やまおかじゅんいちろう》（岩波ジュニア新書／二〇〇九年）

救急医療、地域ケアなどさまざまな医療に従事する人々の思いとは。医療制度の問題点にもふれながら、医療のあるべき姿について考えることができる。

チェックしておきたいウェブサイト

※二〇二〇年五月時点で有効なURLを掲載

●寺子屋朝日（https://terakoya.asahi.com/）

大学に関するさまざまな情報を入手できる。志望理由書を書く際の参考に。

●NEWS WEB EASY(https://www3.nhk.or.jp/news/easy/)

やさしい言葉でニュースを紹介。新聞記事では難しいあなたに。

- **朝日新聞EduA（https://www.asahi.com/edua/）**
最新の日本の教育事情について知ることができる。国語力や文章表現力を身につけるためのアドバイスも充実。

- **総務省統計局（http://www.stat.go.jp/index.html）**
さまざまな統計データを無料で入手することができる。

- **経済産業省　資源エネルギー庁（https://www.enecho.meti.go.jp/）**
資源やエネルギーについての統計データを見ることができる。子ども向けページもあり、わかりやすくまとめられている。

- **IT用語辞典　e-Words（http://e-words.jp/）**
コンピュータや情報、通信に関する用語を検索することができる。

著者：**堀内 剛史**（ほりうち たけし）

代々木ゼミナール国語科講師。大阪府生まれ、兵庫県育ち。

学生時代から現役高校生対象の学習塾で高校国語を担当し、現在、代々木ゼミナール本部校、新潟校、福岡校に出講。また、衛星放送授業「代ゼミサテライン」にて「高１国語」「高２国語」「高３卒オリジナル単科」などを担当。授業のモットーは「基本に忠実に」。時には厳しく、時には優しく、基本をベースにした柔軟な対応力のつけ方を伝授している。

著書に『古文単語早わかり 300（大学合格新書）』（KADOKAWA）。

□ 編集協力　品川真望　小島新樹子

□ ブックデザイン・イラスト　藤塚尚子（e to kumi）

シグマベスト
**ココがスタートだ！
今どきの小論文**

著　者　堀内剛史
発行者　益井英郎
印刷所　岩岡印刷株式会社
発行所　株式会社文英堂
〒601-8121　京都市南区上鳥羽大物町28
〒162-0832　東京都新宿区岩戸町17
(代表)03-3269-4231

●落丁・乱丁はおとりかえします。